LA SANGRE DE SANTA ÁGUEDA

Para el compañero Manuel
Pedrozas, cubano amante
de la libertad y la justicia
social
Salud

Puig

1/7/95

Del mismo autor:

Cuba, The Anarchists and Liberty
Monty Miller Press
Sydney, Australia
1987

EDICIONES UNIVERSAL
COLECCIÓN CUBA Y SUS JUECES

FRANK FERNÁNDEZ

LA SANGRE DE SANTA ÁGUEDA
Angiolillo, Betances y Cánovas

MIAMI, FLORIDA
1994

Primera edición, 1994

EDICIONES UNIVERSAL
P.O. Box 450353 (Shenandoah Station)
Miami, FL 33245-0353. USA
Tel: (305) 642-3234
Fax: (305) 642-7978

Library of Congress Catalog Card No.: 94-61050

I.S.B.N.: 0-89729-756-3

Edición: Isel Rousseau y Benito García

Ilustración en portada: Gráfico de la época

Para María Teresa:
Circe incansable
que con su magia condujo
al argonáuta de la utopías
al puerto de las realidades.

RECONOCIMIENTO

El autor quiere hacer pública su gratitud al aporte espontáneo y desinteresado de los siguientes amigos, sin cuya cooperación se hubiese hecho más difícil esta obra. Llegue mi reconocimiento a María C. Pareja, de R. Pareja Archives, Inc.; a Ana Rosa Núñez, de la Biblioteca Otto Ritcher de la Universidad de Miami; a Juan Gómez, de la Asociación Isaac Puente, Centro de Documentación de estudios anarquistas de Vitoria, España; a Alberto J. Varona, que leyó y revisó el manuscrito; a Marcos Antonio Ramos, historiador, que leyó el texto y escribió el Prólogo. A Benito García e Isel Rousseau, por sus aportes editoriales.

PRÓLOGO

Las implicaciones del atentado político contra Antonio Cánovas del Castillo han sido tenidas en cuenta en algunos estudios históricos sobre aquel fin de siglo español que conmovió al mundo. Sin embargo, no hemos encontrado todavía la obra definitiva, o al menos una que satisfaga a la mayoría de los que tienen un interés marcado en el asunto. Ni siquiera un libro especial que pueda servir como guía para el estudioso; algo así como el texto del padre Manuel Revuelta González *Política religiosa de los liberales en el siglo XIX*, el cual, si bien no agota ese tema en particular, al menos nos permite conocer los datos más importantes sobre el mismo y aporta infinidad de pistas que permiten la continuación de esa búsqueda que se ha iniciado.

Con la lectura de la presente obra del investigador histórico cubano Frank Fernández, se hace una contribución apreciable a los estudios sobre los personajes involucrados en la muerte de Cánovas del Castillo. Fernández demuestra hasta la saciedad que el famoso magnicidio no ha sido explicado a plenitud. Sucede que hemos dependido demasiado de las interpretaciones más tradicionales, las cuales, aunque respetables, no pueden ser consideradas como completas y mucho menos como definitivas. Ante nosotros tenemos una interpretación alejada de las tendencias oficialistas, lo cual no asegura necesariamente la exactitud, pero ayuda a modificar el panorama y enriquece el ambiente de investigación. Si la historia algo nos enseña es que ningún acontecimiento es capaz de revelarnos un propósito final de la experiencia histórica. Los cristianos citaríamos como probable excepción la crucifixión de Cristo, pero aun si no existiera un hecho que revelara, al menos en parte, el gran propósito de la historia, podemos considerar una batalla, un cambio de posición en materia política o religiosa, un personaje o movimiento, un 18 Brumario o los *idus* de Marzo, como eventos que abren un nuevo capítulo en la larga aventura que es la historia de la humanidad. *La sangre de Santa Águeda: Angiolillo, Betances y Cánovas* se ocupa de un acto de esa naturaleza.

Su autor lo interpreta utilizando los recursos que ha extraído de una vasta investigación que él mismo ha realizado a lo largo de muchos años. Cualquier historiador, o estudioso del tema histórico, llegará probablemente, y de manera rápida, a la conclusión de que Fernández domina admirablemente los materiales existentes y dispone de amplios conocimientos sobre ese período en la historia de España y sobre tal capítulo en los anales del movimiento separatista cubano. Pero es importante que se conozca que el investigador es asimismo una autoridad en el tema del anarquismo en Cuba, además de ser un buen conocedor de los orígenes, desarrollo e historia del movimiento libertario internacional. A estas condiciones le añade ahora este sobresaliente esfuerzo por enmarcar los acontecimientos de 1897 dentro del tema general del magnicidio en la historia.

Antonio Cánovas del Castillo (1828–1897), el ilustre estadista y escritor español nacido en Málaga, encabezó el Partido Conservador y presidió en más de una ocasión el Consejo de Ministros del Reino. No puede olvidarse que, además de político y de figura pública de gran relieve, fue un historiador documentado a quien se le deben, entre otras, las siguientes obras: *Apuntes para la historia de Marruecos; Relaciones de España y Roma en el siglo XVI; Sobre la dominación de los españoles en Italia; Estudios del reinado de Felipe IV; Bosquejo histórico de la Casa de Austria en España* y sobre todo su *Historia de la decadencia de España desde el advenimiento de Felipe III al trono hasta la muerte de Carlos II.*

En contraste con el eminente intelectual y reconocido estadista caído en 1897, Michele Angiolillo sólo tiene un breve "momento en la historia", precisamente su actuación en la eliminación del gobernante español. Pero no deja por eso de ser un protagonista, aunque el profesor Raymond Carr se refiera simplemente, en un rápido juicio contenido en su *España 1808-1939*, al magnicidio de Cánovas, al incidente de la bomba arrojada en el Liceo y a una "oleada de atentados con bombas y asesinatos" como "obra de extremistas aislados, [que] horrorizaron a la opinión pública y evidenciaron el carácter del extremismo anarquista". Los juicios que se han emitido acerca de Angiolillo pudieran haber sido tan precipitados como los anteriores, a pesar de proceder de autoridades tan respetables como Carr. En esa misma obra suya, en otros aspectos valiosa y hasta pormenorizada, parece resumir, en un párrafo lamentablemente limitado, la historia de ciertas organizaciones anarquistas, afirmando que "proliferaban y se extinguían". Como afirmara Salvador de Madariaga, uno de los más profundos pensadores españoles de todos los tiempos, en su extraordinaria obra *El auge y ocaso del imperio español en América:* "Del seno de estos pueblos surgen los protagonistas o primeros actores de la obra. Guías que llevan tras sí a los pueblos, o agentes que los pueblos impulsan, o mediums que actúan para encarnar una voluntad y un espíritu colectivo, osado será quien sobre tales alternativas se pronuncie a la ligera". No es menester justificar lo injustificable, como pudiera serlo un atentado político, para olvidar la imposibilidad absoluta de cerrar rápida y arbitrariamente todo un capítulo de la historia de un pueblo y de muchos pueblos, de un movimiento y de muchas tendencias, como lo fue el atentado que nos ocupa.

El historiador español Ricardo de la Cierva hace resaltar en su *Historia básica de la España actual: 1800-1975* que "el año 1897 contempla en España una tremenda agitación política a pesar de que en el horizonte exterior se perfilaba el desastre. En plenas vísperas de guerra Sagasta parece empeñado en derribar a Cánovas". Al referirse a los anarquistas españoles y sus contactos con Angiolillo, insiste en las palabras del tribuno tradicionalista Juan Vázquez de Mella: "Desgraciado el reino entregado a las mujeres y los niños." Desaparecidos los artífices de la Restauración, el rey Alfonso XII y Cánovas, "sólo quedaba una regente viuda, española desde hacía doce años, y un niño que jugaba con pasión a los soldados". Ciertamente, la desaparición de un personaje con las condiciones de Cánovas del Castillo tuvo, como señala el autor, "repercusiones mundiales". Pero Fernández va más allá. Para él, "la sangre de Santa Águeda" fue el incidente que ayudó a desatar las ambiciones norteamericanas y a liquidar el imperio español.

El interés del investigador es manifiesto, desea vindicar a Angiolillo y defender a Ramón Emeterio Betances de ciertos ataques, malas interpretaciones y acusaciones desafortunadas. El ilustre puertorriqueño, muy cercano a los libertarios europeos, considerado como sospechoso en este proceso, y cuya colaboración con la causa de la independencia de Cuba es bien conocida, recibe una gran atención en el libro. Fernández se ha propuesto demostrar, más allá de cualquier duda, el papel fundamental de Angiolillo y Betances en los acontecimientos de Santa Águeda, y destacar la importancia de ambos en el futuro de Cuba, Puerto Rico y las Islas Filipinas. En su propia estimación, los historiadores no han sido justos con estos personajes, subestimados en cierta forma por la historia oficial.

Es inevitable que cronistas y estudiosos se opongan a las descripciones minuciosas de actitudes y métodos de figuras fundamentales. En lo personal, nos resulta imposible endosar todas sus opiniones, o su forma peculiar de enfocar la ejecutoria de ciertos personajes cubanos o extranjeros en relación con el proceso independentista, o en cuanto a su percepción de la conducta personal. Pero lo que pudiera llegar a ser lamentable no sería por supuesto el enfrentamiento en cuestiones formales o de fondo, o el grado de "atrevimiento" que se le puede atribuir al autor. Lo que no consideramos fácil de perdonar es la actitud abiertamente cerrada de aquellos que consideran como iconoclastas a los que "se atreven" con seriedad a desafiar interpretaciones tradicionales.

El tiempo ha ido transcurriendo implacable y nuevas generaciones desean contar con mucho más de que se les ha ofrecido hasta ahora. Ha llegado tal vez el momento de analizar desapasionadamente todos los aspectos y facetas de los personajes, de manera tal que en los estudios históricos contemporáneos no se repita el marcado esfuerzo hagiográfico de algunos de los valiosos, pero parcializados, estudios históricos del pasado. El siglo XX se caracteriza, en la historiografía española, por nuevas interpretaciones de viejos acontecimientos, las cuales a veces son consideradas radicales, revolucionarias o por lo menos novedosas. Sus autores representan toda la vasta gama de matices ideológicos de la siempre fragmentada política española. La presencia visigoda, el tema de los numerosos heterodoxos españoles (evocando un poco a Marcelino Menéndez y Pelayo y su famoso libro), las invasiones musulmanas, los "reinos de Taifas", la reconquista, Los reyes Católicos, la cuestión sefardita, los pasos progresistas de Carlos III, la invasión francesa, las guerras de independencia americanas, el fin de siglo, la generación del 98, la liquidación del Imperio, la guerra civil, el gobierno franquista, la historia religiosa del país, en fin, todo ha sido sometido a nuevas interpretaciones.

Mediante el proceso que algunos califican generalmente como revisionista se han hecho notables contribuciones al conocimiento de la historia. Claudio Sánchez Albornoz, Américo Castro, el mismo Madariaga, y tantos otros historiadores contemporáneos han sido objeto de severas críticas porque han sacudido y hecho sufrir a las mentalidades que han seguido al pie de la letra el espíritu mediocre representado por todo límite que recuerde el *Index Librorum Prohibitorum*.

Al tratar el magnicidio de Cánovas del Castillo, la liquidación del imperio colonial, la independencia cubana, y otros temas. Fernández puede haber exagerado algún asunto, pasado por alto otro, o emitido juicios que no podemos aceptar en su totalidad, pero no ha rehuido expresar valientemente sus opiniones particulares después de una larga investigación, lo cual constituye un mérito. Por ejemplo, no rehúye la responsabilidad de defender a los ácratas que contribuyeron a la independencia cubana y luego pasaron por la triste experiencia de ser perseguidos al finalizar la mal llamada Guerra Hispanoamericana. En otras palabras, el autor no evita la controversia pues parece como que la busca, pero ninguno de esos detalles disminuye la seriedad de su investigación. Independientemente de sus propias convicciones, que merecen respetarse, sobre todo en el contexto pluralista de nuestro tiempo, se nos recuerda que la objetividad absoluta es inexistente. El culto profesor Rafael Arrillaga Torrens nos plantea en su *Introducción a los problemas de la historia* una gran interrogante que se relaciona con este caso: ¿Cómo es que el historiador selecciona? Raymond Aron, el conocido ensayista francés responde que "los valores e intereses que motivan al historiador carecen de validez universal y que varían de época en época, de acuerdo con las distintas culturas". Ese mismo pensador entiende que el pasado no debe ser juzgado por los valores imperantes en ese pasado, lo cual coincide casi exactamente con el criterio de Benedetto Croce, gran maestro del pensamiento en Italia. El mismo Aron aclara que el relativismo inevitable de los juicios históricos no cancela su valor. La ideología de Frank Fernández no incluye necesariamente elemento alguno de sus juicios. Sobre este tema hemos leído criterios emitidos por marxistas, conservadores, falangistas, creyentes y ateos, de izquierda y de derecha. ¿En qué afecta la afiliación del escritor su capacidad intelectual? En nada. El curioso detalle de la afiliación política sólo lo influirá sustancialmente en aquellos que se dejen controlar absolutamente por los mecanismos de manual. En este caso específico, la contribución no consiste sólo en desafiar conceptos, presentar datos nuevos u ofrecer interpretaciones "atrevidas".

El notable historiador cubano Leví Marrero dijo acerca de la presente obra en una carta al autor: 'La investigación ha sido abarcadora, el estilo limpio y ajustado y la estructuración del material digna de un maestro del *suspense*". Tan apreciable nos parece este criterio que preferimos dejarle al lector la interesante experiencia de comprobarlo. Se trata de un libro apasionado e importante. El lector discutirá o rechazará quizás afirmaciones y conclusiones —a veces demasiado categóricas, pero siempre serias—, pero no perderá el interés según adelante en la lectura. En pocos trabajos dedicados al magnicidio de Cánovas del Castillo o a asuntos relacionados con el mismo, se hace un despliegue tan constante de conocimientos sin acudir a veces a datos inconexos o citas pedantes. Con este aporte, Fernández entra, con paso firme, en el fin de siglo español, como ya lo había hecho con sus contribuciones a la historia del anarquismo y el movimiento obrero en Cuba. Y como estamos acostumbrados al libre juego de las ideas, a no escandalizarnos por opiniones fuertes, por diferentes que pudieran ser de las nuestras, damos la bienvenida a esta oportuna invitación a adentrarnos, con mayor intensidad, en uno de los temas ineludibles de la historia española y americana en el siglo XIX.

—MARCOS ANTONIO RAMOS

Marcos Antonio Ramos es doctor en Letras y en Historia. Es miembro de la Academia Norteamericana de la Lengua Española, la Royal Geographical Society (Londres), La American Society of Church History (EE.UU.) y de otras organizaciones similares, nacionales y extranjeras.

Introducción

"Los hombres que ceden no son los que hacen a los pueblos, sino los que se rebelan. El déspota cede a quien se le encara, con su única manera de ceder que es desaparecer; no cede jamás a quien se le humilla."

—José Martí, 24 de febrero de 1894.

"Para acabar con la insurreción en Cuba sólo hacen falta tres balas, una para Martí, otra para Maceo y otra para Gómez."

—Antonio Cánovas del Castillo, 1895.

La motivación primordial para escribir este libro sobre la muerte de Antonio Cánovas del Castillo, es la de aclarar algunos rincones sombríos del magnicidio perpetrado por el anarquista Michele Angiolillo en aquel verano de 1897. A pesar de existir una amplia y numerosa documentación del suceso, casi desde el mismo momento en que se produjo el hecho en el hotel del balneario de Santa Águeda, cronistas e historiadores, nunca han esclarecido totalmente o con entera veracidad, las relaciones que existieron entre Angiolillo y el doctor Ramón Emeterio Betances, ni las consecuencias que se derivaron de la desaparición del presidente del Consejo de ministros de España, personaje clave en el destino de esa nación.

Este atentado histórico, que entendemos no ha sido explicado a plenitud ni mucho menos su inferencia y del que existen versiones erróneas, datos sepultados y juicios parcializados, tiene a nuestro modo de pensar, una trascendencia importante en el destino de cinco países. El magnicidio de un estadista del calibre y la inteligencia de Cánovas del Castillo fue una explosión que ocasionó repercusiones mundiales. Con raras excepciones, y casi siempre de pasada, los escritores que han tocado el tema, no han profundizado seriamente en el mismo. La muerte de Cánovas del Castillo no ha pasado para ellos de ser otro "asesinato político", de la misma naturaleza que los muchos ocurridos en Europa antes de 1914. Todo lo cual nos ha hecho estudiar más a fondo el atentado de Santa Águeda, no sólo por curiosidad histórica sino también por las innegables consecuencias de la desaparición del político español.

No es mi intención escribir un tratado de Historia sobre el tema, sino simplemente proponer y explicar una síntesis histórica en forma de ensayo desde un punto de vista racional y lógico, respetando al mismo tiempo que discutiendo y revisando los distintos criterios que sobre la materia se han producido, y acatando la realidad evidente de los hechos. Mi versión, sin embargo, es subjetiva y así lo reconozco, pues por otra parte nunca he creído en la falacia de "los parámetros academicistas de la objetividad histórica". Debo aclarar que he leído, investigado y citado casi todo el material existente sobre este apasionante hecho y consultado la obra de autores notables, pero advierto que las conclusiones son de mi entera responsabilidad.

No debe el lector tampoco pensar que he escrito este trabajo con la idea de justificar el magnicidio, aunque exponga y analice las razones del agresor, la situación que lo rodeaba y el mundo que le tocó vivir. Este asunto es bastante antiguo y ha sido tocado y explicado con anterioridad y brillantez por escritores, filósofos y autoridades eclesiásticas. *Cuando el Príncipe rompe el pacto con su pueblo, éste tiene derecho a ejecutarlo.* Palabras ya antiguas en la Edad Media, repetidas de una u otra forma por los jesuitas Francisco Mariana y Francisco Suárez hace ya más de cuatro siglos, evidenciando, demostrando y asumiendo la defensa de una agresión mayor, en una clara apología a la desaparición del tirano. No es por lo tanto mi intención penetrar en los laberintos morales o éticos del magnicidio, aunque sí, desde el punto de vista histórico, mi discurso propone hacerle justicia y reivindicar las figuras tanto del anarquista Angiolillo como la del patriota Betances, poleas de trasmisión de un complot anarcoseparatista, las que he examinado con interés en esta obra. Las motivaciones y propósitos de estos dos hombres, la moral, y la situación política de la época deben tenerse en cuenta antes de formular ningún juicio condenatorio contra ellos, así como habría que examinar sus verdaderas intenciones, los crímenes y la situación política de aquella época.

En nuestros días, el escritor francés Albert Camus trató de explicar las causas sicológicas del magnicidio en un drama en cinco actos titulado *Los justos*. Uno de sus personajes —Kaliayev— declara: "¡Y además, matamos para construir un mundo en el que nadie mate ya nunca más! Aceptamos ser criminales para que la tierra se cubra por fin de inocentes". Camus nos presenta un grupo de nihilistas, influenciados por las doctrinas de Sergey Genadievich Nechayev en vísperas de un atentado, y logra captar dramáticamente las razones del acto. Salvando las distancias ideológicas entre el nihilismo ruso y el anarquismo europeo de esos años, no hay dudas de que existen similitudes y puntos de convergencia entre el escenario de Albert Camus y la realidad de Santa Águeda, que pueden servir de instrumento en la comprensión de los razonamientos del anarquista Angiolillo.

Para muchos cronistas, cuya función principal es el uso del maniqueísmo social y político, la acción de destruir o inmortalizar a los cadáveres de la historia, resulta una prioridad irrevocable. Algunos de estos escritores han creado una leyenda sobre este incidente trágico ocurrido en la España finisecular; otros autores han producido verdaderas novelas y, hasta ahora, son muy pocos, e incluyo aquí no sólo a cronistas anarquistas y separatistas, los que se han tomado la molestia de refutar, tratar de explicar o al menos arrojar un poco de luz en los sucesos de Santa Águeda.

Estamos obligados a rectificar criterios, aclarar misterios sobre la verdadera personalidad y el carácter de nuestros tres personajes principales: Angiolillo, Betances y Cánovas. Nuestro objetivo no es el de llegar a conclusiones definitivas o sentar precedentes históricos, sino el de alcanzar una visión más completa y correcta, acercarnos más a la verdad de la actuación y la motivación de cada uno de estos personajes dentro de su trayectoria individual y lograr así una concepción más completa de cómo y por qué EE.UU. se convirtió en una potencia global, España perdió lo que le quedaba de su Imperio y su prestigio como nación, Puerto Rico y las Filipinas pasaron a ser colonias norteamericanas y, finalmente, Cuba se trasmutó en una república mediatizada y pesimista, la cual viajó de una autonomía extranjera a otra, a pesar de haber luchado por más de treinta años por la independencia.

Las divergencias entre Angiolillo, Betances y Cánovas son bien visibles. Cada una de las tres puntas de este triángulo trágico representaba una idea política o social diferente. Pertenecían a distintas clases sociales y sus conceptos filosóficos eran totalmente opuestos, aunque hubieran habido ciertas afinidades revolucionarias entre Angiolillo y Betances. Sin embargo, existieron en el carácter de estos tres hombres ciertas similitudes. Los tres estaban convencidos de sus ideales y dedicaron sus vidas a luchar por lo que ellos entendían era "su verdad". Poseían un temperamento frío y ecuánime al mismo tiempo que eran decididos y nunca vacilaron en momentos difíciles o les faltó el valor físico o intelectual.

La primera parte del libro explica todo lo relativo al odio entre españoles, cubanos y anarquistas, el magnicidio de Cánovas, el juicio y la ejecución de Angiolillo y las relaciones directas entre éste y Betances. La segunda parte está dedicada a examinar una corta etapa de 18 meses en la que ocurrió y se desarrolló una larga serie de acontecimientos notables en la historia de los países involucrados en el conflicto de 1898. El lector viajará por los vericuetos de la historia que aún no tiene un siglo y en la cual se produjeron hechos que todavía nos afectan o que fueron el resultado de aquel verano de 1897.

La sangre de Santa Águeda fue el incidente que abrió la

caja de Pandora de las ambiciones estadounidenses en las Antillas y el Pacífico; liquidó la política genocida de España hacia Cuba; obligó al gobierno español a entregar lo que le quedaba del Imperio, en lo que se ha denominado por los historiadores como "el desastre". Finalmente ayudó a crear las condiciones sociales, económicas y políticas en Cuba, Puerto Rico y Filipinas.

Para escribir este libro he usado diferentes fuentes y puntos de vista, con el objetivo de no emitir una opinión que pueda considerarse prejuiciada, y he mantenido una versión sobre personajes y hechos comparando distintas obras sobre el tema. Por ese motivo, la nacionalidad de las fuentes, sus implicaciones políticas y convicciones sociales, varían desde españoles a cubanos, conservadores a socialistas y de ultra-derechistas a anarquistas. Finalmente, quiero hacer constar que con respecto a las traducciones directas hechas de textos procedentes del inglés o el francés, el autor es el único responsable.

—FRANK FERNANDEZ,
MIAMI, 1993

Índice

CRONOLOGÍA

1886 — Charles Gallo hace detonar una bomba en la Bolsa de
París.

— Explota otra en Haymarket Square, Chicago. Causa veinte muertos y docenas de heridos.

1887 — Los anarquistas en Cuba celebran el Primer Congreso
Obrero. Se funda el semanario *El Productor*. Tienen lugar
varias huelgas en el sector tabacalero.

— Condenados por los Sucesos de Haymarket Square, cuatro anarquistas son ejecutados y uno se suicida.

1888 — Continúan las protestas laborales. Suceden más huelgas
dentro del gremio tabacalero, en La Habana y Cien-
fuegos.

1889 — Estalla una huelga general en Cayo Hueso, EE.UU., propiciada por los obreros del tabaco.

— Se celebra en París el Segundo Congreso de la Internacional.

— Muere el ideólogo anarquista cubano y director de *El
Productor*, Enrique Roig San Martín.

1890 — Los anarquistas en La Habana convocan a los obreros
para la celebración del Primero de Mayo. Desfile y actividades proletarias en Cádiz y Sevilla.

— Los obreros del tabaco llevan a cabo 28 huelgas en varias
ciudades cubanas.

1891 — Explota una bomba en el Fomento del Trabajo, sede
patronal en Barcelona. Se descubren explosivos en el
Gobierno Civil y en un convento de los jesuitas. Explota
otra bomba en la fábrica Salvá.

— En Cuba se declaran 15 huelgas en el sector tabacalero.

— En las Filipinas ocurre un alzamiento contra España.
Valeriano Weyler es el encargado de reprimirlo.

— Protestas públicas en Clichy, Francia. En Fourmies, las manifestaciones obreras son reprimidas por el ejército de forma sangrienta. Hay numerosos muertos y heridos entre los proletarios.

— El gobierno español prohibe las demostraciones obreras y campesinas en Andalucía.

1892 — José Martí organiza y funda el Partido Revolucionario Cubano entre la emigración cubana y los obreros del tabaco en EEUU., con el objetivo de darle a Cuba la independencia.

— El anarquista Ravachol coloca una bomba en el edificio donde reside el fiscal Bulot, en represalia por los Sucesos de Fourmies. Es arrestado, juzgado y condenado a la guillotina.

— En Barcelona explosionan más bombas y se producen nuevas huelgas.

— Campesinos andaluces marchan hacia Jerez y toman la ciudad por unas horas, con un saldo de dos muertos. El gobierno de Cánovas del Castillo toma represalias contra los anarquistas. Son ejecutados cuatro campesinos.

— El ideólogo anarquista Fermín Salvochea es condenado a doce años de cárcel por ser considerado el autor intelectual de los Sucesos de Jerez.

— En EE.UU. miembros de la Tennessee Coal Mine Company se levantan en armas contra los patronos y toman el control de las minas. La milicia interviene. Numerosos muertos y heridos de ambos bandos.

— Huelga general en Nueva Orleáns. Motines y huelgas obreras en Búfalo y Nueva York. En el sector ferroviario estalla la huelga de la Pullman. Interviene de nuevo la milicia y se producen más muertos.

— Una explosión destruye el restaurante *Very*, lugar donde fue detenido Ravachol. Algunos muertos y heridos. Otro anarquista, Theodule Meumier, es acusado del acto y condenado a cadena perpetua en la prisión de Cayena.

— El anarquista Alexander Berkman atenta contra la vida del magnate ferroviario Henry Clay Frick, como respuesta a la represión contra los obreros en la huelga de Pullman. Es condenado a catorce años de presidio.

— Estalla otra bomba en la sede de la Sociedad de Minas en París.

1893
— Paulino Pallás atenta contra la vida del general Martínez Campos en Barcelona. Pallás es fusilado.

— Se suceden tumultos estudiantiles y choques con la policía, explotan varias bombas en diversos lugares de Barcelona.

— La muerte de Pallás es vengada por Santiago Salvador, que lanza una bomba en el Teatro Liceo, ocasionando veinte muertos y muchos heridos. Salvador es detenido y ejecutado.

— Se lanza una bomba en el Palacio Borbón contra la Cámara de Diputados en París, en respuesta al ajusticiamiento de Ravachol. El anarquista Auguste Vaillant confiesa el acto después de detenido.

— Se declara una república en el archipiélago de Hawaii. Los insurrectos piden la anexión a EE.UU.

1894
— En Barcelona se atenta sin éxito contra la vida del gobernador civil Larroca.

— Es ejecutado en la guillotina Auguste Vaillant. Promete que será vengado.

— Muerto de una puñalada el ministro de Serbia en París — Georgevich—, a manos de León Léhautie, quien es condenado a la guillotina.

— Explota una bomba en el restaurante *Terminus*. Varios muertos y heridos. Emily Henry es detenido y declara en su juicio que "no hay inocentes". Es condenado a muerte.

— Santos Caserio, también anarquista, atenta con éxito contra la vida del presidente de Francia, Sidi Carnot. Es condenado y ejecutado en la guillotina. Caserio afirma vengar la muerte de Henry.

—Se inicia el juicio sumarísimo por traición del capitán Alfred Dreyfus, por el que se le declara culpable y es condenado a prisión perpetua en Cayena.

—En París comienza otro proceso colectivo contra treinta intelectuales anarquistas, acusados de crear "el terror". Son declarados inocentes.

1895 —En Cuba se da inicio a la Guerra de Independencia contra el poder español, convocada por José Martí.

—En las Cortes de Madrid, el gobierno liberal presidido por Sagasta declara que España peleará en Cuba "...hasta la última peseta y la última gota de sangre de nuestros soldados".

—Cánovas del Castillo asume el cargo de jefe de gobierno con la consigna de "a la guerra con la guerra".

—De frente al enemigo, muere en Dos Ríos José Martí.

—Las tropas insurrectas cubanas, al mando de los generales Antonio Maceo y Máximo Gómez, inician desde Oriente la invasión hacia el este.

—Después de ser derrotado en la batalla de Mal Tiempo, el general español Martínez Campos renuncia a su cargo de Capitán General y le pide a Cánovas refuerzos y soluciones violentas.

—Se recrudecen los motines en Barcelona entre los estudiantes y la policía.

1896 —Las tropas de Antonio Maceo cumplen su misión al tomar Guane, el poblado más occidental de Cuba. La guerra contra España se generaliza en toda la Isla.

—El general Valeriano Weyler llega a La Habana con refuerzos y asume el mando de Capitán General y Gobernador Militar de Cuba.

—Explota una bomba en el Palacio de los Capitanes Generales de La Habana en un intento fallido por ejecutar a Weyler. El atentado es llevado a cabo por Armando André, en complicidad con dos anarquistas.

— Una bomba es lanzada contra una procesión religiosa en la calle de Cambios Nuevos, Barcelona, dejando numerosos muertos y heridos.

— Las autoridades arrestan a cientos de sospechosos, casi todos de filiación anarquista, por el atentado de Cambios Nuevos.

— El vicecónsul inglés en Barcelona, David Hannay, escribió que "no cabía duda de que se habían empleado torturas para arrancar confesiones...", con respecto a los detenidos en el Castilo de Montjuïch.

— Protestas y motines en Barcelona contra las torturas que se llevan a cabo en el Castillo de Montjuïch.

— Son pasados por las armas cinco anarquistas, dos días después de un juicio sumarísimo, acusados de haber hecho estallar una bomba en la calle de Cambios Nuevos.

— El gobierno español promueve varias leyes de represión contra los anarquistas en Madrid y Barcelona.

— Valeriano Weyler hace público el Bando de la Reconcentración que será aplicado con todo el rigor en Cuba.

— Junto con otros patriotas y debido a sus actividades separatistas, los españoles en Manila fusilan al poeta y médico José P. Rizal,

—En una escaramuza contra tropas españolas, cae en Punta Brava, en las cercanías de La Habana, el general Antonio Maceo.

— Se inicia el conflicto independentista filipino contra España.

— El presidente Grover Cleveland previene a España en su mensaje anual al Congreso, sobre una solución a la crisis cubana.

1897 — Fernando Tarrida del Mármol, escritor anarquista nacido en Cuba, testigo de las torturas llevadas a cabo en Montjuïch, escribe un libro titulado *Les inquisiteurs d'Espagne,* donde le da a conocer a toda Europa los crímenes de las autoridades españolas.

— Se celebra en Trafalgar Square, en Londres, un gigantesco mitin en protesta contra las autoridades españolas y las torturas a los involucrados en los Sucesos de Montjuïch.

— Michele Angiolillo, anarquista italiano, llega a París y se entrevista con el representante de la insurrección cubana, Ramón Emeterio Betances.

— Angiolillo ajusticia a Cánovas en el hotel del balneario de Santa Águeda, en España. Es juzgado y condenado en el pueblo de Vergara, donde se cumple la sentencia de muerte en el garrote.

— La regenta María Cristina, archiduquesa de Austria, firma una ley de represión contra todas las actividades anarquistas en España.

— El nuevo gobierno liberal de Sagasta sustituye a Weyler por el general Blanco y le ofrece a los insurrectos la autonomía. Los rebeldes no aceptan otra solución que la independencia.

— Máximo Gómez reinicia sus operaciones contra las tropas españolas en la zona Las Villas-Camagüey. Calixto García recrudece la guerra en Oriente, toma Victoria de las Tunas, Guisa y Jiguaní.

— Se firma un tratado de paz en Byac-Na-Bató, entre el general filipino Emilio Aguinaldo y el español Miguel Primo de Rivera.

— Los efectos de la Reconcentración se hacen visibles en la población campesina cubana. Las muertes por hambre y enfermedades suman decenas de miles.

— El nuevo presidente de EE.UU., William MacKinley, en su mensaje al Congreso, expone de nuevo sus puntos de vista en relación con Cuba y previene a España de la posibilidad de una intervención armada en la Isla.

1898   — El gobierno de Sagasta le concede a Cuba la autonomía. Toma posesión un gobierno civil de cubanos reformistas. Se producen disturbios callejeros provocados por elementos integristas que no aceptan el autonomismo. El cónsul estadounidense pide un barco de guerra para proteger a sus ciudadanos.

— Anclado frente a La Habana, el acorazado "Maine" explota de forma accidental con más de 200 muertos. Las autoridades estadounidenses dictaminan que la explosión no fue casual; las españolas difieren. La prensa de EE.UU. y española inician campañas acusándose mutuamente del acontecimiento.

— Pi y Margall demanda del gobierno español la independencia de Cuba. MacKinley le declara la guerra a España. La flota española es destruida en Cavite, Filipinas. Aguinaldo se une a los estadounidenses y comienza la lucha por la independencia filipina.

— Los EE.UU. se anexan el archipiélago de Hawaii.

— Con la ayuda de Calixto García, las tropas estadounidenses, al mando del general Shafter, desembarcan y toman la Loma de San Juan en las cercanías de Santiago de Cuba. La flota norteamericana destruye decisivamente a la española que está al mando del almirante Cervera.

— El general Toral, jefe de la plaza militar de Santiago de Cuba, rinde sus armas a Shafter. Entre las condiciones del armisticio, Toral insiste en que se le niegue a los cubanos insurrectos la entrada en la ciudad. Shafter acepta. Calixto García protesta enérgicamente.

— Tropas estadounidenses invaden a Puerto Rico y logran el control de la Isla. Hundida la flota española, Santiago de Cuba en poder de los estadounidenses y Manila en peligro. El gobierno de Sagasta pide la paz. Se firma un protocolo en Washington.

— Muere en París el médico puertorriqueño Ramón Emeterio Betances después de una larga y penosa enfermedad. Betances profetizó correctamente el futuro de Cuba y Puerto Rico.

— Elizabeth, emperatriz consorte de Austria (Sissy), es muerta en Ginebra por el anarquista Luigi Luccheni. Poco después, éste fallece misteriosamente en una cárcel suiza.

—En Barcelona continúa la agitación y las campañas en favor de una revisión de las condenas impuestas por los sucesos de Cambios Nuevos y las torturas de Montjuïch.

—Se producen nuevos levantamientos campesinos en Andalucía y Levante. Represión y muertos.

—Miles de cubanos siguen pereciendo víctimas del hambre y las enfermedades. La mortalidad infantil no tiene paralelos en la historia de Cuba. La Reconcentración dictada por Cánovas causa más de 300,000 muertos.

—Se firma en París un Tratado de Paz entre España y EE.UU., por el cual el gobierno español le entrega al estadounidense el resto de su imperio colonial en América y Asia.

1899 —Comienza la ocupación estadounidense de Cuba. Puerto Rico y las Filipinas son anexadas a EE.UU.

—Se declara en La Habana la primera huelga en el ramo de la construcción, orientada por los anarquistas. El gobernador militar, Ludlow, condena firmemente la protesta obrera y detiene a sus participantes. La huelga se pierde ante la amenaza de prolongar la intervención.

—Emilio Aguinaldo se levanta en armas contra la ocupación estadounidense. Comienza una guerra sin cuartel en donde se producen numerosas bajas.

—Muere Calixto García en Washington. Los cubanos separatistas, reunidos en la Asamblea del Cerro, destituyen a Máximo Gómez.

—En su mensaje anual al Congreso, MacKinley define los planes que tiene Washington con respecto a Cuba.

1900 —El conocido anarquista italiano Errico Malatesta visita La Habana, invitado a dar una serie de conferencias en el Círculo de Trabajadores. Las autoridades de ocupación no tardan mucho en deportarlo a Nueva York.

—Con la idea de vengar las matanzas proletarias ocurridas en Italia en 1894 y 1898, el anarquista italiano Gaetano Bresci, ejecuta de varios tiros de revólver al rey de Italia,

Umberto I. Desde Londres, Malatesta justifica el hecho como "efecto lógico".

1901 — Los cubanos se reúnen para definir sus propósitos repúblicanos, y elaborar y aprobar una Constitución para la nueva república. Incluyen la Enmienda Platt, por la cual los cubanos quedan sometidos, política y económicamente a EE.UU. España, de acuerdo con el Tratado de París, conservaba toda su fuerza económica en la Isla.

— El presidente MacKinley es herido a balazos en Búfalo, y el magnicida, León Czolgosz, es acusado de anarquista por la policía y de agente provocador por los anarquistas. Muere MacKinley de las heridas. Czolgosz es condenado a muerte.

— Se celebran las primeras elecciones en Cuba. Tomás Estrada Palma es elegido como Presidente al abstenerse de las urnas el candidato opositor Bartolomé Masó.

1902 — En Barcelona se produce una huelga general que dura una semana provoca 17 muertos y numerosos heridos; tumultos, revueltas frecuentes y motines estudiantiles.

— Se inaugura con júbilo la República de Cuba y asume el poder el veterano de la guerra de 1868 y Delegado de la Junta en 1895, Tomás Estrada Palma. En su gabinete se encuentra un líder autonomista: Rafael Montoro.

— Es declarado mayor de edad el hijo de María Cristina, reina regente de España, y asciende al trono con el nombre de Alfonso XIII.

— Empieza la primera huelga en el giro del tabaco que paraliza a La Habana. La Guardia Rural pretende reprimir la huelga; hay varios muertos y heridos. La nueva república carece de una política social acorde con los tiempos.

— Es apresado el líder filipino Aguinaldo. La insurrección comenzada en 1899 es finalmente controlada tres años después por las fuerzas estadounidenses, Durante la lucha gran parte de la población sufrió los horrores del conflicto.

UNO

La primera bala

El anciano, después de regresar de misa, como era su costumbre de hombre religioso, aquel domingo 8 de agosto de 1897, se retiró a despachar en sus habitaciones. Telegrafió a Madrid dándole respuesta a unas preguntas de carácter electoral sobre las que se inquiría una decisión. Unos minutos más tarde de la hora meridiana y tratándose de una persona metódica y puntual, descendió de las habitaciones que ocupaba en el piso principal del hotel por una bella escalera de mármol en compañía de su joven esposa. La dama interrumpió su camino en un descanso para saludar a una amiga y el anciano prosiguió su descenso, después de una corta disculpa. Se adelantó por una galería interior que daba a un pequeño jardín adyacente al comedor. Se detuvo un momento en espera de su acompañante, buscó un banco de hierro para sentarse y sacando un periódico del bolsillo, después de colocarse unos lentes sobre la nariz acercando la lectura a sus ojos miopes, comenzó a leer. Notó que algo se movía a su derecha en dirección a la puerta y recibió la primera bala que le atravesó la cabeza, entrando por la sien derecha y saliendo por la izquierda.

El jefe del gobierno español, ajusticiado en el balneario de Santa Águeda de Mondragón, era el político más sobresaliente de su época. Admirado, temido y odiado, representaba con su estilo de gobierno un cuarto de siglo en la historia de España. Había sido sin duda uno de los estadistas más respetados de Europa y su desaparición fue lamentada desde Lisboa hasta San Petersburgo por todas las cancillerías y gobernantes del continente. Desde Berlín, Otto Von Bismarck, lamentando su muerte, declaraba: "Era el único europeo con el cual yo podía conversar."

Antonio Cánovas del Castillo nació en Málaga el 8 de febrero de 1828, y comienza su larga carrera política en 1854 al ser elegido a las Cortes, formando parte de varios gabinetes liberales entre 1860 y 1868. Se convierte entonces en una figura de primer orden dentro de los elementos más retrógados de la sociedad española. En 1874 y junto con Arsenio Martínez Campos es el creador de la restauración borbónica, después del fracaso del breve reinado de Amadeo de Saboya y de la infortunada Primera República española.

La agenda de Cánovas está inspirada en la creación de un fuerte partido conservador, con la ayuda de los elementos más reaccionarios que provenían del reinado de Isabel II, políticos oportunistas, el clero, los terratenientes y la alta burguesía. Lo que se conocía por esos años como "La España negra". Para lograr sus fines, es el autor intelectual de la Constitución de 1876 y obtiene un importante triunfo táctico, al erradicar el "pronunciamiento" y el "caudillismo militar", dos taras funestas de la política española desde principios de siglo.

La idea de crear al estilo británico, un partido poderoso y una "oposición leal", con la cooperación del Partido Liberal en 1881, conduce a España por un laberinto social y económico que llegó a la segunda década del siglo xx. A la muerte de Alfonso xii y con la ayuda tácita de Práxedes Mateo Sagasta, se establece entonces un sistema administrativo que consistía en la repartición del poder y la oposición entre liberales y conservadores. Este sistema de gobierno se conoció en su época erróneamente como "El pacto del Pardo". En realidad se trataba simplemente de un "acuerdo entre caballeros".

Desde luego que era un arreglo ingenioso, según los intereses de cada grupo, de perfecto acuerdo y por el cual se permutaba la dirección de España de una forma ordenada y pacífica. Esta proposición, a diferencia del modelo inglés donde la rotación de los partidos respondía más o menos a un estado de opinión pública, podría ser factible en la Gran Bretaña pero en España resultaba una farsa por el hecho de que entre la apatía popular, los intereses creados, la corrupción y el fraude electoral, nunca existió una genuina voluntad nacional, ni una opinión pública honesta y determinante. Y esta élite de poder gobernó a España por medio siglo.

El "canovismo", como se designó al sistema, se convirtió en una monstruosidad gobernante, donde se ejercía el poder absoluto de espaldas al pueblo, por todo lo cual Cánovas se dedicó, según Salvador de Madariaga, a "organizar una política de corrida de toros", donde las elecciones eran amañadas, el caciquismo un modo de vida, y las Cortes un teatro monumental, que podía ser castizo, gitano o zarzuelero, según los próceres de moda o el escenario montado por Cánovas. Es de destacar que existieron dentro de este sistema algunos partidos minoritarios que, teniendo poco o ningún acceso al poder, servían como parte del decorado. Se trataba de republicanos federales, centristas, fusionistas y posibilistas.

Seguían al líder conservador en su partido dos figuras interesantes: Francisco Silvela y Francisco Romero Robledo. El primero era un caballero conservador y católico con una ambición sin límites, que declaraba considerarse como un "discípulo de Cánovas". Romero Robledo, natural de Andalucía y señorito rico, era conocido por sus conmilitones como "el pollo de Antequera", verdadero personaje de la picaresca y al cual dejamos su descripción histórica al cronista conservador De la Cierva. "Hombre sin escrúpulos, perfeccionador del pucherazo electoral hasta extremos inverosímiles, fomentador de la corrupción... sumo experto nacional del caciquismo." Y más adelante: "...un complemento de Cánovas para sus propósitos".[1]

Cánovas era visto por sus contemporáneos como un hombre altivo e intransigente. Sus concepciones políticas y su genio para la maniobra, cancelaron, al menos temporalmente, el militarismo rampante, y la asonada militar. Sin la menor objeción, constituía y era superior en todos los aspectos a sus amigos y enemigos políticos. Pero el precio que obligaría a pagar a España el "canovismo" y sus consecuencias posteriores fueron funestas para el pueblo. Sus amigos le consideraban

[1] Ricardo de la Cierva, *La derecha sin remedio*. Plaza y Janés Edit., Barcelona, 1987, p. 126.

"providencial e insustituible", mientras que sus enemigos, cada día mayores, lo acusaban de "escéptico, reformador oportunista" y hasta de "cínico", con sobradas razones.

A Cánovas, como a todos los prohombres de su tiempo, le agradaba decir frases ingeniosas y de las muchas que se le atribuyen la mayoría le pertenecen. Por ejemplo, cuando se le pregunta a raíz del anteproyecto de la Constitución, cómo se debería definir a los españoles, replicó muy serio: "Pongan ustedes que son españoles los que no pueden ser otra cosa". Su definición del gobierno: "En política, todo lo que no es posible es falso." Frases éstas de evidente corte maquiavélico, que reflejaban el desprecio por sus coterráneos y un cinismo sin paralelo. Cánovas fue visto por sus iguales como un pesimista y un soberbio, muy dado a la represión y a soluciones violentas. Antonio Maura solía decir: "Da frío oírlo y espanto leerle." Sus colaboradores más cercanos le temían y sus enemigos le odiaban con ferocidad.

Cuando en 1895 ocupaba por sexta y última vez el puesto de jefe del Estado, decidido a terminar con la insurrección cubana al precio que España tuviera que pagar, declaró que el problema de España con Cuba era el de "una guerra de conservación del territorio español, de integridad nacional..." y por todo lo cual estaba decidido a no cambiar de opinión al respecto. Los que conocieron a Cánovas sabían que su determinación era completa. "Nuestra soberanía —agregó rotundo— jamás se extinguirá en América porque Cuba será siempre española."[2]

De los cubanos en general tenía Cánovas, como la mayoría de los gobernantes españoles de todos los tiempos, una opinión despectiva que incluía hasta a los propios autonomistas, tildados como "separatistas embozados". Cuando en una conversación alguien observó que lo que deseaban los cubanos era ser independientes, Cánovas sentenció con malicia: "Los cubanos no quieren ser independientes, lo que quieren es que los dejen robar solos." Esta frase, que reflejaba

---

[2] J. de la Luz León, *La diplomacia en la manigua*, Edit. Lex., La Habana, 1947, p. 233.

rotundamente el carácter de su autor, encerraba una profecía maléfica, que en corto tiempo, lamentablemente, se convertiría en una realidad en relación con los políticos cubanos. En cuanto a los odiados separatistas, se refería a ellos calificándolos de una "Gavilla de bandoleros que vivían de la ruina y el incendio".[3]

En la historia de la España finisecular se repetían en episodios similares a los ocurridos no sólo en Inglaterra a finales del siglo anterior sino también en la propia España fuera y hasta dentro de sus fronteras durante la invasión napoleónica y durante las guerras de independencia de todo el continente americano. Cánovas, que era un escritor ilustrado, conocía muy bien las causas de los orígenes de la decadencia española pues había escrito brillantemente sobre el tema. Pero el mayor error de Cánovas no consistía en desconocer como gobernante las lecciones de la historia, las cuales indicaban claramente que sus planes de guerra contra la ya declarada insurrección de los cubanos en 1895 marchaban contra los propios intereses que decía defender: la "integridad nacional" y la misma economía española, sino que no tomaba en cuenta el inmenso trabajo de casi cuatro siglos de poder colonial y, especialmente, las experiencias en América en esa misma centuria.

En 1837, según relata Ramiro Guerra, los cubanos habían puesto sus esperanzas de reformas coloniales en las Cortes españolas, al asumir los liberales el poder con el gobierno de Calatrava. Se trataba de un tímido esfuerzo por lograr alguna mejoría de orden político para Cuba. Elegidos como Diputados a las Cortes, de acuerdo con la Constitución vigente, José Antonio Saco, Manuel Nicólas Escobedo, Francisco de Armas y Juan Montalvo y del Castillo, se trasladaron a Madrid a presentar sus credenciales. Las Cortes, después de largos debates y a pesar de tratarse de liberales, les negaron rotundamente la participación en la Asamblea a los delegados

[3] *Ibid.*, p. 232.

cubanos. La "cuestión cubana" quedó pospuesta a pesar de la protesta enérgica de Saco. La justa demanda cubana de representación y mejora quedó frustrada.

A principios de la década de 1860, el llamado grupo "reformista", al que pertenecían tres ilustres cubanos, José Morales Lemus, Miguel Aldama y Francisco de Frías Jacobett, conde de Pozos Dulces, desde la publicación *El Siglo* intentó de nuevo tratar de obtener de España algún tipo de reformas al sistema colonial imperante y tampoco obtuvo ningún resultado. En ambos casos, con treinta años de diferencia, el razonamiento español fue siempre el mismo: Cuba no podía cambiar su condición de colonia por muchos motivos, pero el principal obstáculo residía en el problema de la esclavitud: "No se le podían otorgar libertades a una sociedad basada en trabajo esclavo." Otro de mucho peso era el "partido peninsular" que reunía lo más granado de las clases reaccionarias procedentes de España y el cual se oponía firmemente a cualquier tipo de cambio o concesión política o social en la Isla, por considerarlo lesivo a sus poderosos intereses económicos.[4]

El fracaso del reformismo en 1867, una gestión contraria a los cubanos en la que participó Cánovas, trajo como consecuencia el inevitable conflicto armado por la independencia en 1868 que se denominó la Guerra de los Diez Años, la cual culminó en el Pacto del Zanjón en 1878 y, por el cual, España le concedería a Cuba nominalmente una serie de medidas de carácter social y político. Estos acuerdos no fueron cumplimentados a plenitud por parte de los gobiernos liberales o conservadores durante el llamado "canovismo". Para principios de 1880 el Partido Liberal, mejor conocido como Autonomista por sus proposiciones de *selfgoverment* al estilo canadiense y que recogía entre sus partidarios a ex-separatistas y ex-reformistas, españoles ilustrados y cubanos progresistas, se entusiasmó por las promesas coloniales de emancipar a los esclavos y terminar para siempre con esa

---

[4] Ramiro Guerra, *Manual de historia de Cuba*, Edit. Erre. Madrid, 1975, pp. 391-401 y 599-658.

lacra. Promesa que fue cumplida por parte de España por motivos económicos más que éticos, pero que los autonomistas consideraron como una victoria ya que ellos la habían propuesto, lo que generó una mayor simpatía entre cubanos y españoles a favor de su causa. Cuba ya no era una sociedad de esclavos y amos, al menos nominalmente.

A pesar de todos estos arreglos, el separatismo cubano que tenía viejas raíces dentro de Cuba, que con su actitud bélica durante diez años había hecho fracasar las gestiones reformistas y enterrado el ideario anexionista hacia EE.UU., chocaba de frente con el autonomismo. A principios de la década de 1890 el separatismo cobraba de nuevo fuerza dentro de la emigración cubana en EE.UU. por los esfuerzos de José Martí, quien convocaba a la guerra contra España desde las tribunas de los obreros tabaqueros de Tampa y Cayo Hueso. Martí funda en 1892 el Partido Revolucionario Cubano que predica la independencia por las armas. Su agenda se lleva a cabo con éxito y después de planear, organizar y disponer el alzamiento, desembarca en Cuba para iniciar otra guerra contra el coloniaje español.

Al mismo tiempo que Martí comienza a organizar su campaña bélica contra España y avisado de los planes separatistas, un político previsor perteneciente al partido de Cánovas, Antonio Maura, indicó una serie de reformas para Cuba, con una lucidez meridiana, tratando de quitarle razones políticas al separatismo, el cual se encontraba en pleno desarrollo evolutivo y planteaba la insurrección. En las Cortes españolas, las llamadas "Reformas de Maura" propuestas en 1893 se aprobaron el 25 de febrero de 1895, un día después del levantamiento separatista en Baire y, como era de costumbre en estos casos, después de "discutidas" se les cambió de nombre y de espíritu, siendo conocidas como "la fórmula de Abárzuza", que consistía en un programa que no afectaba ni tenía nada que ver con las indicaciones originales de Maura y, por lo tanto, no cambiaba absolutamente en nada la situación colonial en Cuba.

Casi un siglo después, Robles Muñoz, hace un análisis

correcto de esta anomalía que, al decursar de los años, se convirtió en un error político de dimensiones extraordinarias y cuyas consecuencias llegaron a nuestros días:

> Políticamente eran responsables todos los gobiernos por no haber puesto en marcha las reformas pactadas en el Zanjón (1878). El partido liberal frenó las propuestas por Maura. Los dos partidos dinásticos compartían la responsabilidad....[5]

La guerra en Cuba no se desató con la violencia esperada, lo cual confundió a las autoridades españolas que pensaron que se trataba de otro alzamiento en pequeña escala y que sería abortado o fracasaría como el producido en 1880. Este error de cálculo y la subestimación del espíritu de combate de los separatistas fue una ayuda vital para el proceso insurgente.

En pocos meses Gómez y Maceo iniciaban la invasión hacia el oeste desde las provincias orientales, tras derrotar a las tropas españolas que les habían hecho frente, desatando una guerra de tipo irregular o de guerrillas que mantuvo a las tropas cubanas a la ofensiva por casi dos años. Martínez Campos comprendió que la guerra se prolongaría y pidió refuerzos a Madrid. Después de ser derrotado en medio de la Isla y engañado con una falsa retirada por parte de Gómez hacia Oriente y Maceo hacia Las Villas, al marchar de nuevo los insurrectos en dirección a la parte más occidental de la Isla, el capitán general español, admitiendo su fracaso, decide renunciar, no sin antes requerir de Cánovas una estrategia bélica más efectiva y el envío de más soldados. Recomienda además como su sustituto a Polavieja o a Weyler, los dos generales de mayor ferocidad con que cuenta el alto mando español.

El último gobierno conservador de Cánovas que relevó al liberal de Sagasta el 22 de mayo de 1895, a menos de tres meses de haber estallado la insurrección en Cuba, dos años y tres meses después, se encontraba en una situación crítica. En este lapso se aceptó la renuncia de Martínez Campos quien fue

---

[5] Cristóbal Robles Muñoz, *1898: Diplomacia y opinión*. Consejo Superior de Investigaciones Científicas. Madrid, 1991, p. 275, nota 132.

sustituido por Valeriano Weyler; se dictó una política de corte genocida hacia Cuba; se enviaron a más de 200,000 soldados españoles a la guerra, o sea, 2 soldados de España por cada kilómetro cuadrado de la Isla; y así cruzaría el Atlántico el mayor ejército jamás visto en estas tierras de América. El presupuesto nacional se agotaba para sostener la guerra, y Cánovas se veía obligado a negociar un empréstito en Francia. Cuba había sido una fuente inagotable de recursos económicos para España y la guerra detuvo este fluir de recursos con que se beneficiaba la metrópoli. Además, el Estado español contenía temporalmente la presión coercitiva del gobierno estadounidense de Grover Cleveland; le hacía frente a otro levantamiento en las Filipinas; mantenía la represión contra los anarquistas dentro del país; sufría los embates de una economía depresiva, en fin, una verdadera crisis a nivel nacional e internacional, criticada severamente por Ángel Ganivet y Miguel de Unamuno y que parecía destinada un desenlace trágico.

Contaba el gobierno español a su favor con algunos factores importantes. Le sostenían en el empeño la voluntad formidable de Cánovas, mezcla de arrogancia y crueldad, ingenio y seguridad de triunfo; una unidad nacional para la guerra, como la de principios de siglo; la amistad y el apoyo de Europa en solidaridad con el espíritu colonialista fini-secular; un cuerpo diplomático hábil, experto y eficiente, pero sobre todo, una superioridad bélica y tecnológica por encima de los separatistas cubanos. La Corona española, aun en su ocaso, poseía una fuerza descomunal en Cuba, capaz de destruir o asolar la Isla de un extremo a otro.

Con toda esta prepotencia colonial, Cánovas nunca dudó del triunfo militar de Weyler sobre los insurrectos, sintiéndose de hecho superior, siempre poderoso, con el control de la situación política fuera y dentro de España. Los conservadores y los liberales —pues en realidad no existían serias diferencias entre ambos grupos con respecto a Cuba— lo respaldaban seriamente en esta guerra ultramarina, ya que se habían contagiado de una ceguera increíble para un conjunto de hombres inteligentes que se consideraban civilizados.

Debemos hacer notar que en aquellos años, dos políticos españoles pertenecientes al Partido Repúblicano Federal, Francisco Pi y Margall y Nicolás Salmerón eran los únicos que no sólo se oponían a la guerra de Cuba sino que aprobaban la independencia. A estas dos solitarias voces se les unía desde la cárcel, la palabra de Fermín Salvochea, aquel apóstol del anarquismo andaluz, que lo mismo que los dos políticos españoles, defendía el derecho de los cubanos a ser libres de España.

Pero ya en los primeros meses de 1897, la "cuestión cubana" hacía crisis. Por cerca de un año Weyler había desatado una guerra de exterminio contra los insurrectos que alcanzaba a la población civil. Disponía el general español de tres cuerpos del ejército; la colaboración y apoyo táctico del Cuerpo de Voluntarios, organización paramilitar para defensa de las ciudades y el Cuerpo de Guerrilleros, formado principalmente por cubanos que operaba en los campos; y la asistencia naval que le proporcionaba el control de las costas y el trasiego de tropas por mar. Las órdenes de Madrid eran terminantes: derrotar a los insurrectos y pacificar la Isla. A pesar de maniobrar con oficiales capacitados, tropas disciplinadas y bien equipadas, con comunicaciones regulares y una logística adecuada, Weyler se tuvo que conformar con contener el ímpetu separatista en uno solo de los tres campos de operaciones.

Valeriano Weyler había llegado a Cuba el 10 de febrero de 1896 y era conocido en Cuba por su crueldad en la Guerra de los Diez Años, a las órdenes del capitán general Blas Villate, Conde de Valmaseda. A su paso por las Filipinas en 1891, había dado fin a la insurrección, a sangre y fuego. Las orientaciones procedentes de Madrid se hicieron públicas el 21 de octubre de 1896 con el temido "Ordeno y Mando" y por las cuales se reconcentraba en un "término de ocho días... a todos los habitantes en los campos y fuera de la línea de fortificación", en esa oportunidad se advirtió que serían juzgados como rebeldes los individuos que después de ese plazo se encontrasen en un despoblado. Orden que se cumplió con todo su rigor. Todo tipo de ayuda material o de alimentos a los insurrectos por parte de la población campesina quedaba de hecho paralizada. Se condenaba con la pena de muerte por fusilamiento a cualquiera que fuera considerado como "rebelde" y se sancionaba, con la misma pena a aquellos que se dedicaran a "la extracción de víveres de los poblados y la conducción... por mar o tierra".

El "Bando de la Reconcentración", como lo explicaba su nombre, consistía en remover a todos los campesinos de sus sembrados y trasladarlos a ciudades y pueblos, con lo que se eliminaba el trasiego de alimentos de cualquier especie. Dichos campesinos eran condenados por órdenes de Madrid a morirse de hambre. Como resultado, a finales de 1896 aumentó el número de combatientes en las filas insurrectas. El razonamiento de los campesinos era lógico, había más probabilidad de sobrevivir como soldado en el campo separatista que como "reconcentrado" en territorio español. Este "Bando" estaba dirigido a evitar la siembra, cría de animales o cualquier clase de ayuda por parte de los campesinos cubanos simpatizantes o no con los insurrectos. Al mismo tiempo "reconcentraba" dentro de pueblos y ciudades a un gran número de pacíficos campesinos, los que, sin alimento ni ayuda, perecerían por falta de planes de contingencia. Veamos las consecuencias.

De acuerdo con Calixto Masó, las autoridades españolas habían autorizado

> "a los jefes de la columna a ejecutar a los que no cumplieran con dicho bando...". Las provincias orientales no fueron tan afectadas como las de occidente por el "Bando" pero en Matanzas, La Habana y Pinar del Río, donde la población rural era numerosa... "fue donde se hizo sentir más el rigor del hambre y las enfermedades" y que [según este historiador] "ocasionó cerca de 300,000 víctimas". [6]

[6] Calixto Masó y Vázquez, *Historia de Cuba*, Edit. Excelsior. Caracas, 1967, pp. 347-348.

Jorge Ibarra por su parte declara:

> Más de 300,000 campesinos fueron concentrados en las ciudades. El pavoroso estado que presentaban los poblados del interior, inundados por familias campesinas que se morían de hambre y de enfermedades en las calles, provocó protestas ante Weyler de algunas autoridades municipales... el alcalde de Güines protesta ante Weyler el que cínicamente le responde: —¿Dice usted que los reconcentrados se mueren de hambre?, pues precisamente para eso hice la reconcentración.

Ibarra cita de paso al Conde de Romanones con un estimado de muertes, a todas luces exagerado, "las víctimas llegaron a más de 400,000 personas". La relación de horrores continúa:

> Tuberculosis, viruela, escrofulosis, hacían presa de los reconcentrados y los habitantes de los poblados". El 2 de noviembre de 1897, un mes después del relevo de Weyler, el alcalde de Sagua, Carlos Alfert testimonia:
> La viruela y todo género de enfermedades, asociados con el hambre hacían estragos innarrables [*sic*]...bandadas de andrajosos famélicos, pululaban día y noche por nuestras calles, implorando no ya pan sino un inmundo hueso que roer, escuálidos, enfermos... o hinchados por la hidroemia, caían agobiados para morir a centenares, sin piedad ni misericordia.

Isidro Escorzo, escritor español y testigo presencial de estos hechos relata:

> 'era frecuente ver... niños escrofulosos con la carita convertida en una llaga purulenta y los brazos y las piernas completamente deformados...'.[7]

Este cuadro de atrocidades, quizás demasiado expresivo de víctimas inocentes, con una estadística funeral que es imposible de comprobar, debido a que los cronistas recurren a los censos de habitantes de 1891 y de 1899, sin tener en cuenta la población flotante de la Isla, ocupada por más de 200,000 soldados españoles; la totalización de bajas durante el período

---

[7] Jorge Ibarra, *Historia de Cuba*, Editorial del Instituto Cubano del Libro, La Habana, 1971, pp. 413-414.

de la guerra (1895–1898), los muertos producidos durante la intervención estadounidense y el bloqueo naval correspondiente, que provocó más muertes a pesar de haberse abolido el bando de "reconcentración", esta vez por no poder llegar ningún tipo de alimento del exterior. Lo cierto es que cientos de miles de inocentes campesinos murieron a causa de esta acción criminal, familias enteras desaparecieron o quedaron separadas para siempre, enfermedades y epidemias diezmaron casi totalmente a la población infantil, o sea, la nueva generación de cubanos, y lo peor fue que el pueblo de Cuba tuvo que sufrir por décadas las consecuencias desastrosas de la "reconcentración".

El historiador inglés Hugh Thomas es el que quizás se acerca más a la realidad de un conteo o un inventario general, cuando considera el total de muertos, sumando las bajas de las operaciones militares, las enfermedades entre los combatientes, las muertes naturales y la "reconcentración". La destrucción de vidas humanas durante la guerra es estimada por Thomas como de 300,000 muertos, o sea el 10 por ciento de la población total de Cuba en el período de 1895 a 1898.

> Esto fue una severa pérdida; pocas naciones habían sufrido bajas en tan alta proporción en una guerra antes de esa fecha. Es comparable a los muertos en Rusia durante la Segunda Guerra Mundial, en Serbia en la Primera y probablememente el doble de la proporción en las guerras civiles de España (1936) y EE.UU. (1864).[8]

La orden de sacar a los guajiros cubanos de su hábitat natural, lugar fundado por sus abuelos, donde cosechaban y producían sus medios de vida, fue un crimen de lesa humanidad que se le impuso a Cuba por medio de un ucase del Ministerio de Ultramar, que emanaba directamente del primer ministro español. Luego no es difícil afirmar que el

---

[8] Hugh Thomas, *Cuba, The Pursuit of Freedom*. Harper & Row Publishers. New York, 1971, p. 423.

responsable directo y principal de las atrocidades que cometieron las tropas españolas en la Isla fue Antonio Cánovas del Castillo. Con respecto a Valeriano Weyler, el implantador de esta política genocida contra los cubanos, no se trataba en realidad de otra cosa que la de un verdugo en funciones, fiel seguidor de las directrices recibidas desde Madrid. Curiosamente, los medios de información estadounidenses de esos años culpaban a Weyler de todos los horrores de la "reconcentración" y no a su autor intelectual, Cánovas, por razones que se analizarán más adelante. El capitán general español era conocido en los periódicos de la Unión como "el carnicero", mientras que paradójicamente a Cánovas se le daba el trato de "Su Excelencia".

Cánovas fue, sin lugar a dudas, el hombre que con su autoridad, se hizo responsable de tanto crimen y tanto horror y que es muy difícil tenga alguna justificación moral o ética, ante la historia, dejando a un lado el carácter religioso del cual hacía alarde el jefe del gobierno español. Esta actitud convertía al político peninsular en un enemigo odiado y aborrecido no sólo por la totalidad de los cubanos separatistas sino también por muchos españoles y los catalogados como "neutrales", entre los que había muchos autonomistas. La versión del historiador Tristán de la Rosa, citando al Conde de Romanones respecto a Cánovas, no puede ser más elocuente, teniendo en cuenta que procedía del campo monárquico.

> ...se apagaban las últimas luces de su popularidad, nadie acataba la jefatura de su partido, los militares se alejaban de él, la opinión pública le criticaba acerbamente, su prestigio se desmoronaba. Posiblemente había dejado de creer en el porvenir de su país, socialmente aislado, le quedaban dos amigos, María Cristina y el torero Mazzantini.[9]

Al final de su largo camino por el poder, Cánovas había variado el curso de sus criterios políticos originales. Hombre

---

[9] Tristán la Rosa, *España contemporánea, Siglo XIX*. Ediciones Destino, Barcelona, 1972, p. 425.

de extracción pequeño burguesa o de "orígenes humildes" —
para usar la frase con la que lo calificaban sus apologistas—
había ascendido desde la oscuridad de una carrera de ingenie-
ría al periodismo y finalmente a la política. Su dirección por
esos años era la de un liberal pragmático, que fue torciendo en
dirección opuesta, comprometido con elementos reaccionarios
y clericales en 1876. Combatió el optimismo político generalizado que él entendía era funesto para España. En 1897
Cánovas era un estadista que padecía una convicción crónica
de pesimismo, unido al desgaste natural de cualquier hombre
público que gobierna autoritariamente y por un largo período.
Gerald Brenan relata:

> Y de este pesimismo nacía su firme convicción de que los
> asuntos del país debían ser dirigidos por una reducida y
> escogida clase de políticos profesionales... "vengo a galvanizar
> el cadáver político de España". De hecho, como su antecesor
> Olivares, aunque por razones exactamente opuestas, lo que
> hizo fue contribuir a que se corrompiera más rápidamente.[10]

Esta comparación con Gaspar de Guzmán, conde-duque
de Olivares, valido de Felipe IV en 1640 nos parece acertada
por parte de Brenan, el que nos explica más detalladamente el
parangón con Cánovas.

> La negativa de Olivares a renovar la tregua de doce años
> con los holandeses y la fatal guerra con Francia que siguió a
> esto, había conducido a los mismos resultados que la obs-
> tinación de Cánovas con respecto a Cuba... terminó Cánovas
> por caer en el mismo error que estaba decidido a evitar.

Brenan decide encontrarle a esta actitud de Cánovas una
explicación razonable debido precisamente a que el jefe del
Gobierno "era un hombre de inteligencia y cultura fuera de lo
común". Y además por entre otras cosas ser el presidente de la
Real Academia de Historia, haber escrito una biografía de
Calderón de la Barca, una historia de España en diez volú-

---

[10] Gerald Brenan, *El laberinto español*. Edic. Ruedo Ibérico. París, 1962, p. 5.

menes y haber "pasado... cuatro años estudiando en el Archivo de Simancas, las causas de la rápida decadencia española en el siglo XVII... durante el catastrófico gobierno del conde-duque de Olivares".[11]

De acuerdo con el historiador inglés, la respuesta a estas contradicciones estaban basadas en lo siguiente:

> ...En su vejez se había casado con una dama fascinante y joven, de la que estaba muy enamorado... se sintió invadido de un curioso apetito de honores, poder y de gloria, cosas que hasta entonces había desdeñado. Y a la vez empezó a manifestarse más intransigente en todas las cuestiones públicas... Cuando las clases altas del país junto con los oficiales del ejército empezaron a gritar guerra a muerte a los insurgentes cubanos, Cánovas que en sus momentos de lucidez debía haber previsto el inevitable resultado... no dudó en seguirles por ese camino.[12]

Era lógico pensar que la desaparición física de Cánovas del Castillo, aunque no alterase el curso de la guerra, al menos serviría para terminar con el crimen que se estaba cometiendo con la población civil en Cuba, ajena e inocente a los avatares del conflicto entre cubanos y españoles.

---

[11] *Ibid.*, p. 3.
[12] *Ibid.*, p. 15, nota 1.

DOS

La segunda bala

El joven italiano que había llegado al balneario unos días antes, se hospedaba en el mismo hotel que ocupaba el hombre público. Se tropezaron varias veces y se saludaron amablemente. El anciano sintió curiosidad por la cortesía que le demostraba el extranjero, y éste a su vez observaba todos los movimientos del político. Ese mediodía luminoso, cuando notó que el personaje se separó de su esposa en la escalera, se aproximó lentamente a la galería, estaba sereno y miraba atentamente al anciano, el encuentro con éste debía ser a solas. Cuando se percató de que tomaba asiento, comprendió que llegaba su cita con el destino, se acercó cautelosamente al pórtico, sacó un pequeño revólver de su bolsillo y apoyándose en el marco de la puerta le disparó a la cabeza. El Primer Ministro se incorporó herido de muerte con un movimiento mecánico producido por un reflejo defensivo. El anarquista con una frialdad calculada, subió el arma unos centímetros y disparó de nuevo. La segunda bala le entró por el pecho y salió por la espalda, cerca de la columna vertebral.

Si los separatistas cubanos tenían motivos sobrados para odiar a Cánovas, los deseos de venganza de los anarquistas españoles no eran menos. Perseguidos desde los mismos comienzos de su prédica, con la fundación de la Federación Regional Española (1870), inician cuatro años más tarde el obligado período de clandestinidad que se extiende hasta 1881 con la subida al poder de elementos liberales y la llegada de una política aperturista hacia los obreros. Durante la regencia de María Cristina se intensifica una intensa agitación laboral, que provoca la respuesta represiva por parte del gobierno, lo que trae como consecuencia inevitable la radicalización de la lucha por parte de los anarquistas, que conduce a una verdadera guerra social en España.

En 1890 esta situación ya empieza a hacer crisis, a pesar de existir la Constitución de 1876 la cual le "garantizaba" a todos los españoles la libre asociación, el derecho de imprenta, para usar el término de esos años con respecto a la prensa y más tarde el sufragio universal. Estas ventajas se convirtieron rápidamente en abstracciones "canovistas" que en la práctica no significaban realidad alguna. La virulencia continúa escalando y la represión se extiende. Por esos años también se inicia la persecución de los anarquistas en Cuba.

El anarquismo en la Isla, que comprendía a cubanos, negros, mulatos y españoles se agrupaba desde 1886 en un organismo titulado el Círculo de Trabajadores, aunque las primeras ideas ácratas se establecieron con la fundación de sindicatos y sociedades de ayuda mutua a finales de la década de 1850. Era el anarquismo de Pierre Joseph Proudhon con sus proposiciones mutualistas y federalistas. Y así, tres décadas después, el anarquismo en Cuba había evolucionado hacia las tesis de Mijail Bakunín y que consistían en organizar a los obreros, especialmente a los de la industria del tabaco, en sindicatos revolucionarios. El máximo exponente de estas ideas lo fue el teórico cubano Enrique Roig San Martín desde el periódico obrero *El Productor* que se publicaba en La Habana por esas fechas. Con la cobertura de dicho vocero y el apoyo del Círculo de Trabajadores se federaron varios sindicatos y se produjeron algunas huelgas en el sector tabacalero, tanto en La Habana como en Tampa y Cayo Hueso.

El día primero de mayo de 1891 es celebrado por los anarquistas con un desfile y un acto masivo, una de las primeras manifestaciones obreras de que se tenga memoria en América. En enero de 1892 los anarquistas acuerdan llevar a cabo una asamblea general de tipo orgánico y se reúnen en un llamado Congreso Regional Cubano, con la asistencia de 74 delegados. Entre los acuerdos, discutidos apasionadamente, se insiste en que se "abracen las ideas del socialismo revolucionario" (término acuñado por Bakunín y que en Cuba derivaría en sindicalismo revolucionario primero y en el anarcosindicalismo después).

En el punto número dos del manifiesto se declara:

> ...la masa trabajadora de Cuba no viene, no puede venir a
> ser un obstáculo para el triunfo de las aspiraciones de eman-
> cipación de este pueblo, por cuanto sería absurdo que el
> hombre que aspira a la libertad individual se opusiera a la
> libertad colectiva de un pueblo, aunque la libertad a que este
> pueblo aspire sea la libertad relativa que consiste en eman-
> ciparse de la tutela de otro pueblo.[1]

Es necesario hacer notar en este párrafo que, es sin duda
clave en las relaciones que se determinarán en el futuro con el
separatismo, que los anarquistas instituyen una distinción
entre la libertad social y la emancipación política.

Si bien el acuerdo había sido impulsado por Enrique Creci
y Enrique Messonier, vinculados al separatismo cubano en
Tampa y Cayo Hueso, y a pesar de lo que evidentemente se
puede considerar como lo radical del manifiesto, su contenido
no fue interpretado de forma colectiva como una actitud
proclive a tomar las armas en una guerra contra España.
Mientras tanto, la esperada represión colonial dio fin
violentamente el Congreso, encarceló a muchos de sus
delegados, cerró el Círculo de Trabajadores y clausuró por un
tiempo a *El Productor*. Cuando estalló el último conflicto entre
Cuba y España en 1895, muchos de los anarquistas participantes en este Congreso se encontraron divididos en dos
campos políticos diferentes, el separatismo y el antibelicismo.

Los representantes de esta última posición, figuras como
Cristóbal Fuente, Maximino Fernández y Eduardo González
Boves, entre otros, mantuvieron una actitud neutral ante la
guerra, de acuerdo con sus principios antibélicos. En contraste
con los simpatizadores de la independencia, Enrique Creci,
Manuel M. Miranda y Enrique Messonier —apoyados por una
gran mayoría de obreros tabacaleros de La Florida, seducidos
por la oratoria elocuente y persuasiva de José Martí—

[1] *El Movimiento obrero cubano. Documentos y artículos,* Editorial de. Ciencias
Sociales, La Habana, 1975, tomo I, p. 81

secundaron el ideal separatista. Creci murió en 1896 con el grado de Capitán, macheteado por las tropas españolas en un hospital de campaña donde se reponía de sus heridas, en la provincia de Matanzas. Su proclividad hacía el separatismo, como muchos de los anarquistas cubanos que pelearon contra España, desató una amarga polémica de la que se hicieron eco varias publicaciones ácratas en La Coruña, Madrid, Bilbao y Barcelona, en España, y en EE.UU., en Tampa, Patterson y Nueva York. Fue precisamente después de producirse el atentado contra Cánovas en Santa Águeda y por una ley antianarquista que declaraba ilegal cualquier publicación ácrata, que se dio por terminada la polémica.

Además de la propaganda contra la guerra procedente de los voceros anarquistas *El Productor* de Barcelona y *El Despertar* de Nueva York que creaban una controversia ideológica dentro del movimiento obrero en Cuba, a favor o en contra del separatismo, es necesario hacer constar que los elementos anarquistas que defendían una actitud antibelicista o de franca neutralidad en relación con el conflicto, respondían a una situación forzada por la presión ejercida sobre ellos por el autoritarismo español, sobre todo dentro de la misma clase obrera procedente de España. Este dilema era compartido no sólo por los ácratas, sino también por muchos españoles con mentalidad liberal que dependían o eran subalternos de paisanos recalcitrantes y/o reaccionarios, situados políticamente dentro del campo más radical del integrismo patriotero.

La tragedia de estos españoles, en su mayoría jóvenes, que en muchos casos sentían sinceras simpatías por la causa del separatismo cubano, fue expresada con claridad y certeza por el poeta y escritor gallego, por esos años en La Habana, Manuel Curros Enríquez.

> Política absurda porque nos exigía a todos los que veníamos a esta tierra, que nos despojásemos de nuestras ideas liberales y democráticas para convertirnos en adversarios de nuestros hermanos en Cuba, como si el mar fuese una criba donde hubiésemos de cerner, echándola a los peces, la parte

más noble de nuestro espíritu, para traer aquí la más basta y grosera,....[2]

En España, la violencia estalla como respuesta por parte de los anarquistas, a principios de 1890, en forma de huelgas, motines y atentados a los que responde el sistema "canovista" con fusilamientos, deportaciones, cárceles y torturas. Comienza entonces en España a hechar raíces la proposición individualista de "la propaganda por el hecho", que de acuerdo con Gómez Casas, se trataba de una "Concepción táctica de lucha que nació en los medios rusos e italianos, [...] en realidad siempre extraña a la idiosincracia del anarquismo español". Y más adelante citando a Maestre Alfonso, "...sin embargo el término no es algo integrante del anarquismo, ni tampoco esencial, como vulgarmente se cree". La violencia anarquista era de hecho una respuesta a los abusos e injusticias que se cometían por parte de las autoridades y nunca obedeciendo a una estrategia que hubiese sido parte del pensamiento ácrata", y continúa Maestre Alfonso,

"...son sólo medios utilizados en diversas épocas y por determinados grupos..." donde "...suele coincidir con un retraso económico y social que ya de por sí suele constituir un atentado a la personalidad humana. Son fieras acorraladas por los cazadores".

Gómez Casas finaliza con una observación importante:

"....Es necesario afirmar que calificados militantes desautorizaron ciertas manifestaciones aberrativas de la propaganda por el hecho, cuyas consecuencias resultaron nefastas".[3]

---

[2] Celso Emilio Ferreiro, *Curros Enríquez*. Edic. Júcar, Madrid 1973, p.109

[3] Juan Gómez Casas, *Historia del anarcosindicalismo en España*. Edit. Aguilera, Madrid, 1977, p. 72. Ver también Gerald Brenan, *El laberinto español*. Edic. Ruedo Ibérico, París, 1962.

Aunque Cataluña se convertiría en el foco de la represión gubernamental contra los anarquistas, otras regiones españolas también sufrían del mismo mal. Andalucía era una de las víctimas de la persecusión, a pesar de ser la tierra nativa de Cánovas y donde se habían establecido los precedentes del acosamiento contra los campesinos andaluces que sentían simpatías por las ideas ácratas. Como dato significativo y curioso *El Productor* desde Cuba denuncia y se hace eco de la condena a muerte de cuatro campesinos jerezanos.

En Jerez se ha levantado el patíbulo y cuatro hombres han satisfecho con sus vidas las leyes que rigen la sociedad presente... el monstruo de la tiranía batiendo palmas de contento, la libertad escarnecida y humillada... el verdugo funcionó y cuatro hombres dejaron de existir, que el silbado Cánovas sació su sed de venganza en las personas de infelices obreros.[4]

No tenemos dudas en afirmar que fue en Barcelona donde se desató con más encono la ira de los dos bandos. En 1890 se produce una huelga general; en 1892 hay huelgas dispersas y explotan algunas bombas; en 1893 los estudiantes se solidarizan con los obreros involucrados en varias huelgas y chocan con la policía. Más explosiones. Se produce entonces el atentado contra la vida del general Martínez Campos, perpetrado por Pauli Pallás, el cual causa solamente la muerte del caballo del militar español, saliendo éste con vida del atentado. Pallás paga con su vida por la muerte del caballo y el intento fracasa. Otro atentado contra el Gran Teatro Liceo, con una bomba que causa dieciséis muertos y de la cual su autor, Jaume Salvador es ejecutado en el garrote. En 1894 se atenta contra la vida del gobernador civil Larroca; en 1895 la agitación estudiantil provoca un escándalo en la ciudad y

---

[4] *El Productor*, Guanabacoa, No. 6, 11 de febrero de 1892. (IISG) Archivos de Amsterdam. Ver Jacques Maurice, *El anarquismo andaluz*, Edit. Crítica, Barcelona 1990, y Gerald Brenan, *op. cit*. Ambos autores ofrecen un análisis valioso de los Sucesos de Jerez.

apedrea el palacio del arzobispo en una demostración anti-clerical. Finalmente, en 1896, se lanza una bomba contra una procesión del Corpus en la calle de Cambios Nuevos, produciendo ocho muertos.[5]

La situación social de la Barcelona de fines del siglo no podía ser más trágica y violenta, En sus memorias orales, el anarquista militante Joan Ferrer califica este acto de "salvajada", y Gómez Casas explica:

> ...en junio de 1896, se arroja una bomba al paso de una procesión, en circunstancias un tanto extrañas, puesto que no fue arrojada sobre un grupo de notabilidades que la encabezaban, sino a retaguardia de la misma, donde mató a siete obreros y un soldado. Jamás se descubrió al autor de este atentado pese a lo cual el capitán general de Cataluña, procedió inmediatamente a la detención masiva de anarquistas y elementos liberales.[6]

Este hecho desconcertante, nunca pudo ser aclarado debidamente, a diferencia del atentado en el Teatro Liceo, en el cual se podría sospechar de la mano oculta de una provocación de las autoridades o de la actividad de otros elementos ajenos a la lucha social y vinculados también a la violencia como los republicanos radicales inflamados por Alejandro Lerroux. Esta acción condujo a un terror estatal que fue conocido como los Sucesos de Montjuïch, por los cuales, después de la detención de más de trescientos sospechosos, la mayoría de los cuales fueron torturados y martirizados salvajemente, se condenó a muerte a cinco anarquistas que eran sin duda inocentes, ya que nunca se les pudo probar en justicia su participación en este acto reprobable. De los detenidos más de cincuenta sospechosos fueron enviados al presidio africano de Río de Oro, lo cual equivalía a una lenta condena a muerte.

Los gritos de las víctimas torturadas recorrieron toda

---

[5] Pere Foix, *Los archivos del terrorismo blanco*. Edit. La Piqueta, Madrid, 1978, pp. 10 y 103.

[6] Juan Gómez Casas, *op. cit.*, p. 71. Y Baltasar Porcel, *La revolución permanente*, Edit. Planeta, Barcelona, 1978, pp. 25-26.

Europa y América, haciéndose eco la prensa internacional de los tormentos a que fueron sometidos los detenidos y las confesiones arrancadas por medios atroces, a manos de la Guardia Civil, al mando del teniente Portas y que trajo como consecuencia una condena casi universal contra los métodos empleados por el gobierno de Cánovas contra los sospechosos. Portas sufrió más tarde un atentado del cual salió ileso y su atacante, Ramón Santpau, de filiación republicana, fue absuelto de cargos, demostrándose que las mismas autoridades tenían conciencia de la responsabilidad de los verdugos.

Al igual que los anarquistas condenados y llevados a la horca en Chicago (1886–87) por la explosión de una bomba cuando finalizaba un mitin obrero que causó la muerte de un policía (las otras víctimas entre los uniformados se debieron a los disparos de los propios guardadores del orden), hecho que se conoce como los Sucesos de Haymarket Square, estos ácratas en Barcelona fueron sancionados a muerte no por ser culpables del delito de la explosión en la calle de Cambios Nuevos, sino por sus convicciones, ideas y opiniones. Era la segunda vez en una década que diez anarquistas eran condenados a muerte en dos países diferentes por el uso de la dinamita en forma indiscriminada. En ambas ocasiones los acusados tenían poco o nada que ver con el trágico incidente, no obstante, todo el peso de la justicia cayó sobre ellos, independientemente de que fueran inocentes o no.

Tomás Ascheri, Juan Alsina, Luis Mas, José Molas y Antonio Noguer, conducidos ante el tribunal en un juicio sumarísimo, que demostró como no se hacía justicia en España, fueron condenados a la última pena y fusilados en la madrugada del 4 de mayo de 1897, en los fosos del castillo de Montjuïch, por una soldadesca cobarde que tembló ante los reos y en vez de ejecutarlos con precisión, tuvieron que rematarlos en el suelo. Todos estos incidentes brutales crearon dentro y fuera de España una atmósfera de repulsa y condena que rápidamente se tornó en espiral por la actividad de un joven nacido en Santiago de Cuba en 1861, Fernando Tarrida del Mármol.

Esta figura, testigo principal de los hechos, era hijo de Ana Agüero y del Mármol y de Cayetano Tarrida y Ferratges, acaudalado comerciante catalán residente en Santiago de Cuba. Al estallar la guerra de los Diez Años sus padres se trasladaron a Barcelona, dada las relaciones de su familia con Donato Mármol, uno de los principales insurrectos en la provincia oriental con el grado de General. Cursó en Barcelona sus estudios superiores y se graduó de ingeniero en la universidad en 1880. Hacia principios de 1885 se convierte a las ideas anarquistas. Fernando Tarrida es incorrectamente situado dentro del Partido Republicano Federal por parte de Paul Estrade, a pesar de que existen pruebas de sus inquietudes anarquistas desde 1886. Por la correspondencia de Betances, algunos autores afirman que Tarrida era sobrino de Donato Mármol lo que tampoco parece ser cierto; más bien es probable que haya sido sobrino nieto del patriota cubano.[7]

Según nos relata Paul Avrich, Tarrida del Mármol era,

Un matemático bien educado, de una de las más prominentes familias de Barcelona. Tarrida con 36 años había evolucionado del federalismo y el mutualismo de Proudhon y Pi Margall, hacia el anarquismo comunista de Kropotkin y Ricardo Mella.[8]

[7] Fernando Tarrida del Mármol, *Cartas a La Révolte*, Barcelona, 7 de agosto de 1890. Traducida y reproducida por *Reconstruir*, Buenos Aires, No. 78. Mayo-Junio, 1972. Con respecto a la genealogía de Tarrida, en carta al autor, José G. Mármol, descendiente de Donato, nos informa que Fernando Tarrida debió llamarse Tarrida y Agüero, pues su madre era sobrina de Donato y no hermana. Por lo tanto Tarrida era un sobrino nieto de Donato, y no sobrino como señalan algunos autores.

[8] Paul Avrich, *An American Anarchist. The Life of Voltairine de Cleyre.* Princeton University Press, Princeton, 1978, p. 116. En esta obra biográfica, Avrich recuerda y deja constancia de uno de los personajes femeninos más extraordinarios del anarquismo internacional. Voltairine de Cleyre fue, además de excelente poeta y prosista, una militante en el campo social y una de las primeras feministas de EE.UU.

Tarrida había sido detenido como sospechoso precisamente por ser conocido por su militancia ácrata, sufrió prisión en Montjuïch y fue testigo de las torturas aplicadas a los confinados. Por las gestiones de su padre, que era un hombre acomodado, pudo escapar de la fortaleza y exilarse en Francia.

Con la opinión pública a su favor, los anarquistas en Europa comenzaron una campaña cerrada a nivel internacional contra el gobierno de Cánovas, a cuya gestión los simpatizantes y activistas del separatismo cubano en el continente no fueron en ningún momento ajenos, especialmente el Delegado del Partido Revolucionario Cubano en París, el doctor Ramón Emeterio Betances. Ya por esos años la labor tesonera de éste había logrado persuadir a muchas personalidades europeas de la validez de la lucha de los cubanos por la independencia. Los contactos de Betances en Londres, Bruselas, Roma, París y hasta en Madrid, llevaban a cabo una intensa y a veces abierta labor en favor de los insurrectos cubanos. Era lógico y perfectamente comprensible que dentro de la estrategia de Betances contra España, se utilizara esta nueva ola propagandística relacionada con los Sucesos de Montjuïch en pro de la causa cubana. Entendía Betances que los horrores que cometía el gobierno español con los anarquistas de Barcelona eran los mismos que se realizaban en Cuba y Filipinas, y apoyar esta campaña resultaría beneficioso a ambas causas que, aunque opuestas en principio y haciendo las salvedades antes expuestas en relación con los acuerdos del Congreso de 1892, celebrados por los anarquistas en La Habana, tenían sin duda el mismo enemigo común: Cánovas del Castillo.

Por esos años la Gran Bretaña parecía ser la única potencia europea que permitía el asilo de los anarquistas, en dependencia por supuesto, de que no hubiesen cometido o cometieran ningún acto que se pudiera considerar violento, condicionada esta protección al derecho de cualquier nación europea a pedir la extradicción de cualquier anarquista que se acusara de algún acto delictivo. En Londres, donde vivió la mayor parte de su largo exilio el destacado teórico anarquista ruso, Pyotr Kropotkin, residieron o pasaron de largo casi todos los ácratas de la época, desde Errico Malatesta a Rudolf Rocker, incluyendo por supuesto a los españoles Federico Urales, Anselmo Lorenzo, Ricardo Mella, etcétera. También funcionaba en la ciudad el Comité de Londres, auspiciado desde París por Betances y el cual fue fundado por Francisco J. Cisneros y José Zayas Usatorrres en 1895. Este comité, que nunca trabajó con la efectividad de la delegación de Francia, logró, sin embargo —y a raíz de la preocupación del pueblo inglés por los Sucesos de Montjuïch—, penetrar la opinión pública británica en contra de España. Todo esto indica bien claro que la lucha por los derechos humanos no tiene nada de nuevo y que las condenas y protestas contra la barbarie estatal se remontan al siglo pasado.[9]

A través de una prensa favorable a sus planes, Cisneros y Zayas convocan actos callejeros y mítines en Hyde Park, asociados con los anarquistas locales. Las torturas y fusilamientos de Montjuïch causaron "una enorme emoción" en Londres y, como consecuencia de ello, "...encontraron asilo en aquel momento los sesenta desterrados de España y, más tarde, el cubano proscripto de Francia, Fernando Tarrida del Mármol". El anarquista cubano, escapado a Francia primero, había sido expulsado de ese país en dirección a Bélgica a mediados de mayo de 1897, debido a las presiones que sobre el gobierno francés desató la Embajada de España en París. Tarrida había escrito un libro titulado *Les inquisiteurs d'Espagne (Montjuïch, Cuba, Philippines)*, en el cual denunciaba no sólo los horrores del tristemente célebre castillo, sino también toda una dura acusación contra el terror de la dominación colonial española en Cuba y las Filipinas. En un tono razonado y lúcido, Tarrida hace una relación de las fechorías y crímenes de las autoridades españolas, que ha quedado como un

[9] Paul Estrade, *La colonia cubana de París*, Editorial de Ciencias Sociales, La Habana, 1984. pp. 121-122.

testimonio histórico de la época. El libro tuvo una aceptación instantánea en Francia y fue después traducido al inglés.[10]

El 30 de mayo de 1897 se celebra un gigantesco mitin en Trafalgar Square en la ciudad de Londres, al cual asisten miles de manifestantes, convocados por una organización inglesa de nuevo cuño denominada *Spanish Atrocities Committee*, orientada por el anarquista inglés Joseph Perry. Paul Estrade afirma:

> De manera que en un mismo movimiento de solidaridad, con el mismo fervor, el patriota cubano, el republicano español, el anarquista catalán, fueran aplaudidos y el verdugo común abucheado por diez mil manifestantes....

En esa importante demostración de protesta internacional, hacen uso de la palabra los ingleses Green y MacDonald por los sindicatos obreros; Carlos Malato por el periódico *L'Intransigeant*, Mestre Amabile por los cubanos separatistas emigrados en París, y Tarrida del Mármol representando a la revista anarquista *La Revue Blanche*.

Estrade anota en su libro un dato interesante sacado del Archivo de la Prefectura de Policía de París y donde el autor se asombra de que el Ministro del Interior tuviera información del mitin por la gestión de un espía, el cual informa sobre la asistencia "...de dos mil personas en Trafalgar Square, aunque es cierto que sólo tiene ojos para Tarrida... vigilado de cerca, porque se sospecha que sabe mucho sobre el atentado dinamitero en la Calle de Cambios Nuevos..." Según el periódico *L'Intransigeant* del primero de junio de 1897, Tarrida hizo su discurso en representación del Delegado cubano en París, el doctor Betances, "de quien leyó una patética carta que expresaba el odio a la tiranía y el amor a la fraternidad de los pueblos".[11]

A este mitin de Trafalgar Square asistió también la conocida anarquista estadounidense Voltairine de Cleyre, por esos años de visita en Londres, la que dejó sus recuerdos para la historia.

[10] *Ibid.*, pp. 123 y 126, nota 20.
[11] *Ibid.*, p. 123.

Estábamos de pie bajo la base del Monumento a Nelson en Trafalgar Square. Debajo de nosotros había diez mil personas juntas mirándonos de frente. Se habían reunido para escuchar y ver a hombres y mujeres cuyas manos y miembros habían sido mutilados y quemados con hierros candentes, martirizados en el Castillo de Montjuïch. El espectáculo horrorizó profundamente a la multitud... (cuando una de las víctimas se puso de pie) levantó sus pobres y quemadas manos, los rostros de las diez mil personas se movieron al unísono, como las hojas de los árboles del bosque, con el soplo del viento.[12]

Kropotkin, por su parte, se hizo eco también de las torturas de Montjuïch y las condenó con extrema dureza, después de comprobar con sus propios ojos los tormentos a que fueron sometidos los anarquistas españoles deportados.

Pocos días después y por los mismos motivos que tuvieron los trabajadores ingleses en Trafalgar Square, los anarquistas en EE.UU., residentes en Nueva York por aquellos años, John Edelman, Harry Kelly, Justus Schwab, Edward Brady y Emma Goldman, informados de los Sucesos de Montjuïch por las publicaciones anarquistas europeas y algunas liberales como la *Frankfürter Zeitung*, con el objeto de alertar y dar a conocer los horrores inquisitoriales del gobierno español a la opinión pública estadounidense —la que ignoraba cuanto había acontecido en Montjuïch—, y solidarizarse con sus compañeros anarquistas españoles, tal como nos lo relata Emma Goldman en sus memorias, "...con la excepción de las publicaciones radicales, la prensa mantenía una conspiración de silencio", convocan a un acto masivo con la cooperación de los anarquistas italianos y españoles que residían en distintos estados de la costa este del país. Después preparan una manifestación frente al Consulado Español de Nueva York. Al momento de hacerse públicos estos proyectos, toda la prensa reaccionaria de Nueva York comienza una campaña dirigida a pedir a las autoridades la suspensión de estos actos de protesta y evitar la

---

[12] Avrich, *op. cit.*, pp. 113-114.

presencia en ellos de "Emma la Roja", como calificaban peyo-
rativamente a la célebre anarquista. Aunque las autoridades no
impidieron los actos, la policía tomó todas las precauciones de
rigor en el local donde se efectuaría la protesta —"...esa noche
la policía invadió el lugar hasta la misma tribuna, haciendo casi
imposible que lo oradores pudieran hacer algún gesto sin tocar
a un policía"—. Hicieron uso de la palabra oradores españoles,
judíos, alemanes, norteamericanos e italianos, protestando y
acusando al gobierno español por sus crímenes.

Cuando le tocó el turno a Emma Goldman, ésta relata los
acontecimientos de esa velada de la siguiente forma:

> Yo les hice un detallado recuento de los métodos usados
> en Montjuïch y formulé una protesta contra los horrores
> españoles. La emoción de la audiencia llegó al límite más alto y
> rompió en un aplauso atronador. Antes de que terminara, una
> voz desde lo alto de la galería me gritó: 'Señorita Goldman, ¿no
> cree usted que alguien en la Embajada Española de Wash-
> ington, o de la Legación de Nueva York debe ser asesinado en
> respuesta a las condiciones que usted describe?'

Emma intuyó rápidamente que el que le preguntaba podría
ser un agente provocador al servicio de las autoridades —o de
la misma Legación Española—, y como notó un movimiento
hacia ella por parte de la policía que la rodeaba, pendiente de
una respuesta afirmativa de su parte, con intenciones de
hacerla presa en ese momento, por la acusación que contra ella
se había hecho de haber estado complicada anteriormente en
un atentado contra la vida de un magnate ferrocarrilero, con
gran dominio de sí misma hizo una pausa cautelosa y replicó
con una calma deliberada:

> No, yo no creo que ningún diplomático español en Amé-
> rica es lo suficientemente importante para matarlo, pero si yo
> estuviera ahora en España, mataría a Cánovas del Castillo.[13]

[13] Emma Goldman, *Living My Life*, Dover Publications, Inc. New York, 1970.
vol. I, p. 189.

Por su parte desde Filadelfia, la anarquista Voltairine de Cleyre, hacía una campaña solidaria en favor de las víctimas de Montjuïch. Avrich, en su ya mencionada biografía nos dice:

Mientras, en Filadelfia, Voltairine de Cleyre y sus camaradas habían distribuido cincuenta mil copias de *The Modern Inquisition in Spain* (La inquisición moderna en España), un panfleto de ocho páginas documentando las atrocidades "cuya cruda mención nos hace temblar". Según Nathan Navro, Voltairine había "practicamente creado el movimiento de protesta en Filadelfia, escribiendo cartas a miembros del Congreso, para presionar a las autoridades españolas a terminar con la represión". El 29 de mayo de 1897... le había escrito a William E. Chandler, un influyente senador por Nueva Hampshire, denunciando "el crimen sin paralelo, cometido igual que en Cuba por el gobierno español... este crimen demanda una protesta de todas las naciones civilizadas".[14]

Como se puede apreciar, las condiciones sicológicas para cualquier tipo de acción contra el máximo representante del gobierno español estaban creadas en la mente de los anarquistas de este lado del Atlántico, a muchas millas de distancia del lugar donde se torturaba y fusilaba a compañeros en desgracia. En Europa, este sentimiento de venganza sería una realidad en muy pocas semanas.

El doctor Pedro Vallina, quien desde muy joven sintió simpatías por la causa de la independencia cubana, según nos relata en su autobiografía: "Las luchas de Cuba no me eran desconocidas y veneraba en mi corazón a los mártires de aquella causa", demuestra hasta qué punto el odio contra Cánovas había calado en la conciencia de los ácratas. En Vallina vemos reflejada esa simbiosis dinámica entre algunos anarquistas de aquellos tiempos por dos causas justas, el anarquismo y la independencia, que aunque no buscaban los mismos objetivos, tenían en común luchar por la libertad de los oprimidos.

[14] Avrich, *op. cit.*, pp. 112-113. Según Avrich, Max Nettlau especula si la misma Voltairine fue la autora y editora de dicho panfleto.

Pasa Vallina a relatarnos indignado, cómo el fusilamiento de los poetas Plácido de la Concepción Valdés y Juan Clemente Zenea le indicaron claramente la validez del derecho y la justicia que tenían los cubanos en su esfuerzo por separarse de España. En Vallina también encontramos a uno de los pocos españoles de su siglo que condenaron abiertamente el fusilamiento de los ocho estudiantes de medicina en La Habana (1871) por un delito que no cometieron, calificando a sus verdugos de, "miserables, ladrones y asesinos". Para 1895, cuando estalla el último conflicto armado contra España, las simpatías del entonces estudiante de la Facultad de Medicina son claramente en favor de los separatistas cubanos. "Desde el primer momento acogí con el mayor entusiasmo la insurrección cubana y en ella puse mi corazón." Apesadumbrado por la caída de Martí y de Maceo, Vallina se dedica a hacer "una propaganda activa en pro de los cubanos, aconsejando a los reclutas que se pasaran a las filas de los insurrectos... porque aquéllos defendían una causa justa".[15]

Tiempo después, Vallina nos relata un incidente que no por oscuro deja de ser sumamente útil para entender la actitud colectiva de los anarquistas con respecto a Cánovas. Aunque el autor no nos incluye la fecha de este episodio trágico, podemos calcular que se trata del año 1896. En relación con este primer atentado contra el jefe de Gobierno, algunos meses antes del acto de Angiolillo, declara Vallina:

...pero poca gente sabe que tuvo dos precursores españoles: los anarquistas Paco Ruiz y Francisco Suárez, que perdieron sus vidas por tratar de suprimir al monstruo político que se llamó Cánovas del Castillo... Los dos anarquistas citados convinieron en quitar la vida a Cánovas, que tanto daño estaba causando al pueblo español. Una mañana fueron ambos a la residencia señorial de Cánovas y lo aguardaron en la puerta con una bomba en la mano. Pero tuvieron la desgracia de que el

[15] Pedro Vallina, *Mis memorias*, primer tomo, Editorial Tierra y Libertad, Caracas, 1968, pp. 39-40

artefacto estallara prematuramente, cuando el coche del ajus-
ticiable se acercaba al domicilio. Paco Ruiz murió en el acto, y
Francisco Suárez, maltrecho, fue detenido y condenado a seis
años de presidio, que cumplió en el penal de Ocaña.[16]

Francisco Suárez, por su parte, después de salir de la
cárcel, se vio implicado arbitrariamente en un supuesto
atentado contra el nuevo monarca español, Alfonso XIII, en
mayo de 1902. Detenido y condenado de nuevo a seis años de
presidio, en el llamado "Complot de la coronación", fue
asesinado a culatazos por un guardia civil camino de presidio,
y —a todas luces inocente de esta segunda acusación de
magnicidio— en vez de la cárcel, terminó en el cementerio. La
sorda guerra de clases declarada abiertamente entre el Estado
español y los anarquistas, se incrementaría despiadadamente
en el decursar del siglo.

---

[16] *Ibid.* pp. 76-77.

TRES

La tercera bala

Al escuchar el primer disparo, la joven, sorprendida, se precipita escaleras abajo. La segunda detonación le encogió el alma. En ese instante el jefe del Gobierno se desploma a los pies de su ejecutor. El anarquista contempla la escena unos segundos. El anciano ha caído de espaldas. Baja entonces su arma y le dispara la tercera bala. El proyectil entra por la espalda y se aloja en el pecho. La dama atravesaba la galería apresuradamente cuando oye la última descarga. Horrorizada, se encuentra a su marido en un charco de sangre. ¡Asesino!, le grita, dirigiéndose al agresor mientras queda paralizada por la mirada fría del italiano. El olor a pólvora flotaba en el aire. Oyó entonces por primera vez una voz melodiosa con un fuerte acento. El anarquista se vuelve serenamente hacía ella: "A usted la respeto porque es una señora honrada; pero he cumplido con mi deber y estoy tranquilo. He vengado a mis hermanos de Montjuïch." Los gendarmes que habían seguido a la señora llegan precipitadamente al jardín. El magnicida les entrega el arma todavía cargada con dos balas, sin oponer resistencia.

En la última década del siglo XIX, el problema o la cuestión social conmovía a Europa. En términos generales, ya se habían delimitado los campos entre las teorías económicas o el socialismo "científico" de Karl Marx de una parte, y las corrientes del pensamiento social anarquista de la otra, basadas estas últimas en las proposiciones de Pierre J. Proudhon, Mijail Bakunin y Pyotr Kropotkin, entre otros. Los elementos marxistas más activos, además de fundar partidos obreros y convocar congresos, se dedicaron a organizar y dirigir al proletariado bajo las consignas de su profeta. Los anarquistas, por otro lado, se afiliaron a dos tendencias principales, un colectivismo de tipo humanista, el mal llamado socialismo utópico, y el denominado socialismo revolucionario, convertido más tarde en el anarcosindicalismo.

El primero predicaba las ideas de redención social en relación con los seres humanos más marginados por las injusticias de la sociedad de ese tiempo, sustentando el discurso de la solidaridad y la emancipación, por medio de campañas entre los medios de comunicación ácratas. Mientras que los segundos actuaban dentro del terreno proletario, organizando y orientando sindicatos y laborando con decisión en la lucha social. En síntesis, no existían de hecho diferencias ideológicas entre unos y otros, sólo en la estrategia y tácticas. Aquellos anarquistas que planteaban, descarnada y sinceramente, la "revolución social", caían fácilmente en las trampas de la violencia, propiciada por sus enemigos, ya por vocación o por provocación.

El pueblo italiano no era ajeno a este tipo de luchas obrero-campesinas. La frustración de los elementos más radicales de Italia, causada por el fracaso de las ideas republicanas ante la decisión de Camilo Cavour de adoptar una monarquía, después de crearse la unidad italiana, produjo una generación de rebeldes que adoptaron con celeridad las proposiciones anarquistas del socialismo revolucionario, apremiados —como en España— por las condiciones sociales y revolucionarias incluso por parte de las clases más elevadas.

Entre los militantes anarquistas más destacados sobresale la figura de Errico Malatesta, quien en opinión de Rocker, "Aparte de Bakunin, apenas hay un hombre que haya ejercido una influencia tan persistente en el movimiento libertario..." Pero además de Malatesta, los anarquistas italianos contaban con un elenco de primer orden en Europa, como Pietro Gori, Césare Agostinelli, Saverio Merlino, Luigi Fabbri, Amilcare Cipriani, y tantos y tantos otros que representaban las ideas dentro de la Península, la cárcel o el destierro. Era un grupo de figuras militantes capaces de orientar y conducir una verdadera revolución social.

La guerra política era llevada a cabo por medio de la propaganda que se desarrollaba continuamente desde todo tipo de publicaciones ácratas. *L'Avenire Sociale, Il Nuovo Verbo* y sobre todo el semanario *L'Agitazione*, "periódico socialista anarquista", combatían constantemente los abusos clasistas contra el campesinado y el proletariado italiano. En este escenario turbulento y revolucionario, lleno de injusticias o miserias, aunque también de promesas y utopías de alcanzar a corto plazo una sociedad más justa, se desarrolla nuestro personaje. Angiolillo se formó como anarquista en un ambiente lleno de problemas sociales y de abusos deplorables que influenciaron, sin duda, en su decisión futura.

Michele Angiolillo y Galli había nacido en el año de 1870 en la ciudad de Foggia, capital de la provincia del mismo nombre, en la región de Puglia, a unos 112 kilómetros de Nápoles. Orestes Ferrara, quien lo conoció personalmente por esa época, relata:

Un día de los últimos meses del año 1895, estando yo por la tarde en la Biblioteca de la Universidad de Nápoles, un compañero de estudios llamado Roberto D'Angió, que era corresponsal de *La Revolté* de París, nombre que cambió después por el de *Temps Nouveaux,* dirigido ambos periódicos por Jean Grave, me pidió que fuese a ver a un amigo suyo que esperaba en el piso de abajo, ...para una consulta legal. Bajé y encontré a un joven de más edad que yo, muy ceremonioso y discreto. Roberto D'Angió hizo las presentaciones y añadió "Mi amigo Miguel Angiolillo es también de Foggia... como yo; nos conocemos desde la infancia; es empleado ferroviario y necesita una opinión legal" ...Angiolillo no se presentaba a mi vista con los perfiles trágicos con que lo recuerdo ahora; era un hombre igual a tantos que uno se encuentra en la vida. Y, debo declararlo, a mí no me hizo ninguna impresión, ni buena ni mala.

El objeto de la consulta era saber qué dificultades judiciales podía acarrear una hoja impresa que había lanzado a la publicidad, en la cual acusaba al Fiscal de Foggia de haber cometido no recuerdo qué violaciones de ley para dañar a los ferroviarios. Leí la hoja, era de tonos fuertes...

Ferrara entonces le aconseja tajante, después de consultar el Código Penal, que tal acusación le podría costar la cárcel, a menos que negara haber sido el autor de la octavilla, a lo cual Angiolillo le responde "que no podía negar, pues ya había confesado el nombre del impresor y que le repugnaba defenderse". Luego se "animó un poco, al tratar el caso, y concluyó diciendo que él era el acusador y no un calumniador".

Días después Angiolillo se reúne de nuevo con Ferrara. Esta vez para despedirse, comunicándole que:

> ...dada mi opinión legal, compartida por otros, pensaba salir de Italia, prefiriendo el exilio a la cárcel. En efecto, Roberto D'Angió me refirió más tarde que su amigo había tomado un vapor y que pasando por Génova había ido a Marsella".[1]

De Francia Angiolillo pasa a Suiza donde ejerce como "antiguo obrero tipográfico, luego periodista", y más adelante, "condenado por escritos subversivos en 1896 a prisión y multa en Lucerna, de donde se fugó...".[2]

Nuestro personaje se traslada de nuevo a Marsella y después visita a España, residiendo por algún tiempo en Barcelona, donde hace contacto con sus compañeros españoles ya a finales de 1896, tal como declararía algún tiempo después a los militares en el juicio sumarísimo que se le celebra, consumado el atentado a Cánovas. "Sí, les traté allí [a los anarquistas] y fui asiduo lector del periódico *La Cuestión Social*".[3]

Durante su corta estancia en Barcelona, según nos relata Lily Litvak en su obra, Angiolillo tuvo contacto directo con "un personaje interesante", Jaquetti Jorda, "obrero del gremio de la construcción". Albano Rosell — "amigo íntimo" de Felip

---

[1] Orestes Ferrara, *Mis relaciones con Máximo Gómez*, Edic. Universal, Miami, 1987, pp. 70-71.

[2] Enrique Piñeyro, *Como acabó la dominación de España en América*, Garnier Hnos. Edit. París, 1908. p. 140.

[3] Antonio Padilla Bolívar, "Cánovas, Canalejas y Dato. Tres asesinatos políticos de la restauración". *Historia y Vida*, No. 1, abril 1968, Barcelona, p. 102.

Cortiella, famoso traductor al catalán de las obras de Henryk Ibsen y Octave Mirbeau, además de ser él mismo un dramaturgo y anarquista convencido—, en sus memorias nos declara que Jorda "actuó en las filas libertarias de Barcelona y América...", y que,

> Entre sus actos de rebelde, está el haber ayudado a Angiolillo. Cuando éste se propuso realizar el atentado contra Cánovas, permaneció en casa de Jaquetti mientras hacía sus planes...[4]

Es comprensible pensar que Angiolillo obtuviera por primera vez por medio de sus compañeros de Barcelona los informes relacionados con los Sucesos de Montjuïch, y la idea original de dar una respuesta anarquista a los hechos ocurridos recientemente en dicha ciudad se iniciara durante su estancia y contactos de aquellos años con Jorda, Rosell y Cortiella.

Angiolillo viaja de Barcelona a Francia, luego a Bélgica y más adelante a la Gran Bretaña, donde conoce a compañeros desterrados procedentes de España y, entre éstos, a algunas víctimas de la represión canovista por "los Sucesos de Montjuïch". El historiador alemán Rudolf Rocker, que más adelante escribiría uno de los libros clásicos del anarquismo moderno, *Nacionalismo y Cultura*, desterrado en Londres por esos años, nos ofrece en sus memorias una rara y poco conocida reseña de Angiolillo.

> Lo encontré primeramente en una casa de *Typographia*, una rama de la Asociación Inglesa de Tipógrafos a la que sólo pertenecían extranjeros. Allí me lo presentó Vidal [anarquista español amigo de ambos] ...Angiolillo trabajaba entonces como tipógrafo en la imprenta internacional, en donde se imprimía una publicación mensual profesional para el comercio y la industria en español y francés. Como solía visitar a Vidal frecuentemente, tuve ocasión de encontrarme con él en su domicilio. Angiolillo estaba bien dotado intelectualmente y todo indicaba que tuvo que haber disfrutado de una educación superior, aunque nunca me habló de ello. Llevaba en el bolsillo

[4] Lily Litvak, *Musa libertaria.* Antoni Bosch, Edit. S.A. Barcelona, 1981, p. 224.

una u otra de las ediciones baratas de clásicos de la *Bibliothèque Universelle,* cuyos márgenes estaban llenos de signos y anotaciones que probablemente nadie más que él podía leer...

"También", sigue relatando Rocker,

el aspecto exterior del hombre, esbelto, bien formado, con el fino rostro pálido encuadrado en una barba corta y los ojos reflexivos que miraban a través de unos lentes, daba la impresión de ser un hombre instruido con modales moderados al que más bien se habría podido tomar por un médico. Era siempre serio... e infundía espontáneamente respeto. Tenía una voz sonora pero hablaba siempre en voz baja. No hablaba mucho, sino se complacía más en el papel de oyente modesto; pero lo único que decía era algo bien pensado y en buen lenguaje. Todos sus movimientos eran sosegados y nobles... Aunque era serio, en su trato era en extremo amable.[5]

Esta interesante descripción de Rocker, a pesar de la simpatía propia que demuestra el cronista, no estaba muy lejos de la verdad.

En aquel verano de 1897, Angiolillo contaba 27 años de vida, era un hombre reticente, de pequeña estatura. Lo único que parecía resaltar en su persona era su rostro, de mirada fría y serena. Su figura en realidad no llamaba mucho la atención. Por las fotos que han quedado y las descripciones de Ferrara y Rocker, causaba la falsa impresión de ser un individuo gris, silente y casi insignificante. En realidad tenía una firme convicción anarquista, debido a sus lecturas y a su dura formación en las luchas sociales italianas.

Poseía, además, la consistencia de un carácter con la tirantez de una cuerda de piano. A pesar de su apariencia y juventud, contaba con una tenacidad y una paciencia extraordinarias.

Pocos días después del mitin en Trafalgar Square, del cual Angiolillo es partícipe, conoce en el domicilio de Vidal, y en

[5] Rudolf Rocker, *En la borrasca (Años de destierro).* Edit. Cajica, Puebla, México, 1967, pp. 118-120.

presencia de Rocker, a dos de los anarquistas torturados en Montjuïch, Oller y Gana. Este último relata los suplicios de que fue objeto, sin delatar a nadie.

> Cuando nos mostró aquella noche sus miembros lisiados y las cicatrices que habían dejado en su cuerpo entero las crueles torturas, comprendimos, que una cosa es leer acerca de esos hechos en los diarios y otra oírlos de los propios labios de una de las víctimas... Quedamos todos como petrificados y pasaron algunos minutos antes de poder hallar algunas palabras de indignación. Sólo Angiolillo no dijo una palabra. Pero poco después se puso repentinamente de pie, se despidió de nosotros lacónicamente y abandonó la habitación... Fue la última vez que le ví.[6]

Despúes de comprobar visualmente las atrocidades cometidas por las autoridades españolas en las personas de Oller y Gana, humildes obreros y sus compañeros de ideales, tal como nos lo relata Rocker, Angiolillo queda plenamente convencido de las brutalidades y los crímenes del gobierno español, y de que lo ocurrido en Montjuïch se repite en Cuba y las Filipinas. Es entonces que concibe definitivamente la idea de una represalia contra el sistema sádico que España empleaba contra gentes indefensas, insurrectos en armas y ácratas en rebelión.

Testigo de estas torturas lo fue también Voltairine de Cleyre, tal como lo recopila Avrich en la versión que le dedica a su biografiada, en relación con uno de los torturados que ya conocemos y el que más adelante continuaría con su campaña en París.

> "Yo he visto las cicatrices de Francisco Gana en sus manos, las que fueron quemadas con hierros candentes, para que acusara a alguien", le escribe Voltairine a su madre, "le sacaron las uñas, lo amordazaron y apretaron al máximo hasta que su boca quedó abierta por horas. Lo hicieron caminar por su celda cuatro días y noches, sin descanso. Le aplastaron la cabeza con

[6] *Ibid.*, pp. 121-122.

una máquina compresora. Finalmente le arrancaron los testículos".[7]

Angiolillo tiene conciencia de la "propaganda por el hecho", la cual en esos momentos estima correcta, y por supuesto sabe que un golpe en esa dirección puede costarle la vida.

No parecen existir dudas de que su idea de venganza y su decisión de tomar por ese camino están determinadas por ese sentido ancestral e innato que caracteriza a los meridionales: *il honore*. Entendía Angiolillo que tenía el derecho y la razón. Estaba convencido de que existía una justicia superior para cometer el magnicidio, como un acto de desquite, castigo, equidad, respuesta y advertencia contra tanto crimen y tanta injusticia. La responsabilidad de hacer justicia por su propia mano no parecía entrar en contradicción con sus ideas ácratas. Por el contrario, Angiolillo entiende que reafirma sus ideas libertarias al tratar de evitar un crimen mayor al ya cometido, con el acto supremo del ajusticiamiento. Debemos hacer constar que la retribución es su motivación básica y primaria.

Sus razonamientos fueron válidos a fines del siglo y principios del siguiente para los hombres de acción dentro de cualquier ideología, aunque los anarquistas se destacaron más en este tipo de hecho. Irónicamente, casi todos los ideólogos del discurso ácrata especularon poco con respecto al magnicidio y casi todos lo condenaron como una contradicción a sus mismas ideas. Sin embargo, algunos se acogieron al silencio aprobatorio y unos pocos lo justificaron como "la necesaria muerte del tirano". Rocker, por su parte, un escritor anarquista conocido por su sobriedad, años después comentaba sobre el ajusticiamiento de Cánovas, ofreciendo la versión de Federico Urales, compañero de destierro en Londres por esas fechas: "Las palabras de Montseny (Urales), según las cuales Cánovas sólo cayó víctima de sus propios crímenes...". Y más adelante en reunión con otros compañeros españoles: "Nadie deploró

---

[7] Paul Avrich, *An American Anarchist. The Life of Voltairine de Cleyre.* Princeton University Press, Princeton, 1978. p. 114.

la caída del verdugo de España, cuyas manos estaban manchadas con la sangre de tantas víctimas inocentes. Todos tuvimos la sensación de habernos librado de una pesadilla."[8]

A las puertas del centenario de la acción de Angiolillo, no debemos olvidar que "el culto a la muerte" y la inmolación "por la causa" nunca fue de origen anarquista y que ya hacía muchos siglos que se practicaba por motivos religiosos, políticos o sociales. El sentimiento vengativo se podría considerar hasta noble si no implicara el deseo de obtener el poder temporal o un lugar en el cielo. Y estos objetivos no eran precisamente los buscados por Angiolillo. La redención del anarquista italiano no es justificable, como años después declarara Máximo Gómez, por "el valor" de ejecutar a Cánovas, sino por la humildad de sus ambiciones personales. Angiolillo no aspiraba a convertirse en el sucesor de Cánovas, sino a ser otra víctima del represivo Estado español. ¿Cuántos magnicidios, tiranicidios o simples asesinatos se cometieron en la penumbra de los palacios y las catedrales por ambición y avaricia? ¿Cuánto veneno se usó y cuántas puñaladas se dieron por ocupar el lugar de las víctimas?. Y aunque todos estos malos ejemplos no justifiquen a Angiolillo, se debe dejar constancia de la diferencia entre su ajusticiamiento y otros magnicidios por alcanzar el poder y la gloria.

Angiolillo ha tomado conciencia de su acción futura y, en busca de orientación para realizar su misión, se dirige a París, donde según sus compañeros de Londres, radica el Comité Cubano, y donde es posible reciba algún tipo de consejo. Con la idea fija en su mente de hacer justicia por su propia cuenta y riesgo, parte hacia Francia, que vivía momentos de efervescencia social y política en la mal llamada *Belle Époque*, que al menos para los obreros explotados no tenía nada de hermosa. El *affaire Dreyfus* dividía a los franceses racialmente y la "cuestión social" los separaba entre explotados y explotadores. La inevitable violencia anarquista en Francia

[8] Rocker, *op. cit.*, p. 118.

también produjo algunos incidentes trágicos. François Claudius (Ravachol) Koenigstein, Auguste Vaillant, Emile Henry y Santo Caserío habían sido guillotinados en Francia por "la propaganda por el hecho", cambiando sus vidas por la de sus ajusticiados, en lo que ellos entendían era un acto justiciero y en uso del derecho a ejecutar esta clase de acción. No nos es permitido hacer un juicio desde un punto de vista moral sobre una acción violenta ejecutada, si no conocemos las razones que movieron a sus ejecutores, y no nos situamos en la época que les tocó vivir, las circunstancias que los rodeaban y sus vivencias personales.

Los procedimientos de esta naturaleza se podrán condenar o condonar de acuerdo con la moral, la ética o la mentalidad subjetiva de cualquier juez, pero todos estamos al menos en el deber de entender y analizar las motivaciones de estos hombres, teniendo siempre presente que dichos personajes obraban de acuerdo con "la propaganda por el hecho"; actuaban en forma individual, no colectiva, y sus actos no fueron ideados, sugeridos o preparados por publicaciones o teóricos anarquistas. No se trató tampoco de "un complot internacional" o de la venganza de un grupo o una organización determinada. Los hechos de violencia ejecutados en Europa antes de la Primera Guerra Mundial y el de Angiolillo en particular, fueron la resultante natural y previsible de seres humanos que habían roto sus lazos con la sociedad que los rodeaba, asqueados y saturados por la injusticia y la miseria; enfurecidos contra el Estado, que no reconocían, y que los había condenado a una muerte lenta y segura. No tenían, no podían tener, inconveniente alguno en arrostrar la muerte, después de eliminar a los que ellos consideraban sus verdugos y los de la sociedad. Cambiaban su vida por la de sus opresores en busca de lo que ellos creían un mundo mejor.

Cuando Angiolillo llega a París, Francia llevaba cerca de una década de "inquietud social", según un cronista de la época, que eufemísticamente así calificaba a aquella verdadera rebelión social que, aunque no al nivel de la violencia y represión española, también se caracterizaba por su virulencia. La ciudad era un hervidero de revolucionarios, exiliados, espías, contraespías, agentes extranjeros, policías y soplones. Los temas que discutían apasionadamente los parisinos eran el *affaire Dreyfus* y los avatares por la independencia de Cuba y Grecia, destacados continuamente por la prensa. En ese ambiente Angiolillo tiene que ser cuidadoso y no cometer ninguna indiscreción. Por sus contactos en Londres sabe que le sería conveniente dirigirse directamente a Ramón Emeterio Betances, delegado del Comité Cubano de París, máxima figura de la representación separatista en Europa, médico respetado, al mismo tiempo que viejo revolucionario, simpatizante de las ideas sociales de la época y quien —supone Angiolillo— le podría orientar sobre sus propósitos.

El doctor Betances solía celebrar tertulias en su gabinete de la calle Châteaudun, con figuras importantes del anarquismo francés e italiano. En su condición de representante de la insurrrección cubana en Europa, y por su afinidad con algunas ideas del pensamiento ácrata, le eran necesarias, al mismo tiempo que placenteras, estas relaciones, con el objeto de facilitar sus planes propagandísticos. Sus contactos con otro colega italiano, Francisco Federico Falco, de clara filiación anarquista, le resultaban de gran beneficio para sus objetivos en favor de la independencia de Cuba en Italia. También Betances celebraba reuniones de este tipo en su residencia de Neuilly con ácratas como Pietro Gastagna, Domenico Tosti, Strovine, Eliseo Reclús, Carlos Malato, Tarrida del Mármol, etcétera. Angiolillo hace el primer contacto con Betances en esta tertulia política. El contraste entre ambos revolucionarios es significativo y las conversaciones se producen y transcurren en español, idioma que Angiolillo dominaba, a pesar de un fuerte acento italiano.

Según refiere Landa en una crónica casi desconocida, Betances narra sus recuerdos de Angiolillo de la siguiente manera: "Una noche Domenico Tosti lo trajo a mi casa y aquella velada transcurrió hablando de ciencias... política, reformas sociales, etc...". Dos o tres días más tarde volvió Angiolillo.

Entonces me habló de anarquismo; después me visitó intermitentemente varias veces y tuvimos charlas muy interesantes; se sentaba siempre en esa butaca; en la penúltima conversación me dijo con la serenidad del iluminado y la firmeza del convencido: "Doctor: al anarquismo le hace falta dar un golpe que mantenga viva la llama y que siembre el espanto entre la burguesía de Europa, y yo pienso que sería una gran cosa dar ese golpe en España; esto habría, sin duda, de beneficiar grandemente a la revolución de Cuba por la que usted tanto labora, y quizás cuántas otras ventajas". Calló un instante y luego exclamó: "Voy a matar al rey de España". Yo le interrumpí diciendo: ¿Cómo va usted a hacer eso? Sería muy mal visto y habría de causar gran repugnancia en el mundo; el Rey es un niño y no puede ser responsable de los actos que realiza el Gobierno español.

Y continúa Betances narrando el episodio.

Pensó Angiolillo un rato largo y de pronto me dijo: "Tiene usted razón, doctor, pero, ¿y si matase a la reina regente?" "Haría usted muy mal", le contesté, "nunca encontrará justificación el atentado realizado en la persona de una mujer"; y añadí: "Mire usted, Angiolillo, en España no hay más que un verdadero retrógrado y reaccionario y es ése precisamente el que mantiene a Cuba con su política de '[hasta el] último hombre y la última peseta', que ahoga todos los esfuerzos que por liberarla hacen los patriotas; ese hombre es Antonio Cánovas del Castillo". Hubo un silencio y después hablamos de cosas indiferentes. Se despidió de mí tranquilo como siempre. Al otro día entró de mañana en mi despacho, se sentó por última vez en el butacón y me dijo: "Doctor, hoy salgo para España y no quería irme sin darle un abrazo". Me abrazó y lentamente se dirigió a la puerta, desapareciendo. Diez días después, Cánovas moría abatido a balazos en el balneario de Santa Águeda.

Evidentemente Betances resultó impresionado por la actitud de Angiolillo, y al principio del relato de Landa, quedó la opinión de Betances sobre el joven anarquista,

> ...a quien la humanidad considera un criminal y yo sé que era un santo. Al decir esto se le iluminaron los ojillos. "Sí, un santo" y continuó, "porque sólo los santos son capaces de sacrificarlo todo, hasta su propia existencia, por un ideal o en beneficio del género humano...".[9]

En esa misma mañana que se despide Angiolillo de Betances, el 30 de julio de 1897, el anarquista se traslada por ferrocarril a San Sebastián donde suponía equivocadamente que Cánovas visitaba a la reina regente, que veraneaba en dicha ciudad, según informaba la prensa de París. En realidad, cuando Angiolillo partía hacía San Sebastián, el jefe del gobierno español se hallaba camino de Santa Águeda, después de saludar a María Cristina en su palacio de verano. Cánovas, que no había podido salir de Madrid el año anterior, decidió en ese julio tomarse unas vacaciones en su lugar de descanso preferido para reponer su quebrantada salud, "Santa Águeda me da la vida", había exclamado a su llegada. El balneario de Santa Águeda de Mondragón era el lugar apropiado para su retiro, por ser poco concurrido, tranquilo y fresco, a diferencia de San Sebastián. Perdido entre los Montes Vascos de Guipúzcoa, el balneario de aguas termales y su hotel adyacente se encontraban ubicados en la pequeña aldea de Mondragón, a corta distancia de los caminos entre Vitoria al sur y San Sebastián al norte. Cánovas había llegado acompañado de su segunda esposa, una dama joven de origen peruano que por la edad podía perfectamente considerarse su hija.

Cuando Angiolillo arribó a San Sebastián e inquirió discretamente por el paradero de Cánovas, fue informado del destino de éste en dirección a Santa Águeda. Por ese camino

---

[9] Gabriel Landa, *Mosaicos*, Edit. Des Dernières Nouvelles de Colmar, France, 1938, pp. 15-21. Ver por el mismo autor, "Betances, Cánovas y Angiolillo", reproducido en *Guángara Libertaria*, No. 44, otoño, 1990, pp. 10-11.

se traslada el anarquista, a donde arriba el miércoles 4 de agosto. Angiolillo trata de pasar inadvertido y casi lo logra. El marqués de Lema, que también veraneaba usualmente en Santa Águeda, declaró después del magnicidio, refiriéndose al anarquista: "Le conozco, y tanto a mí como a otros bañistas nos chocó la facha. No iba mal vestido y llevaba un sombrero flexible." Como era costumbre entre los huéspedes de cualquier balneario europeo en cualquier época, casi todos los bañistas habituales se conocían entre sí y entablaban conversaciones o relaciones sociales. Por estar poco concurrido ese verano el balneario, los comentarios y murmuraciones, además de ser un entretenimiento común entre ricos y aburridos bañistas, se intensificaron.

Angiolillo fue sin duda motivo de alguna curiosidad por parte de los bañistas tradicionales, tal como lo relata el marqués de Lema, por dos razones: se trataba de un extranjero, y su forma de vestir no se ajustaba a las normas del lugar de veraneo, sobre todo su "sombrero flexible". Algo, sin duda, se comentó de la indumentaria y la reserva del "individuo". Al mismo tiempo que, como era esperado y natural, se ganó las sospechas de las autoridades ocupadas en proteger a Cánovas las cuales aparentemente, al igual que los huéspedes, se olvidaron pronto del personaje.

Según nos relata Piñeyro, citando a Fernando Cos Gayón, ministro de Gobernación, en su *Necrología del Excmo. Sr. D. Antonio Cánovas del Castillo,* en lo referente a la protección que recibía regularmente el jefe del Gobierno,

> ...estaba anualmente [asignada] para gastos secretos la suma de dos millones de reales...'con el exclusivo objeto de cuidar la seguridad del Presidente del Consejo nueve agentes de policía, y veinticinco guardias civiles mandados por un teniente.

Después de las averiguaciones de rigor se concluyó que el extranjero silencioso era un "tenedor de libros y corresponsal del periódico *Il Popolo",* nombrado Emilio Remualdini, de acuerdo con el registro del hotel "que formaba parte del establecimiento hidroterápico, donde su futura víctima residía". Los agentes de la policía no le prestaron más importancia a aquel personaje insignificante, que se caracterizaba por su mutismo y aislamiento. Sin ninguna prisa y con una tranquilidad poco común, Angiolillo se dedica a estudiar el terreno y a seguir discretamente las actividades de Cánovas, el cual

> notó su presencia, y sin llamarle particularmente la atención preguntó quién era ese bañista, que con tanta cortesía lo saludaba; cuando le informaron que era un comerciante italiano serio y taciturno... no pensó más en él.

Pronto todos los residentes del hotel se olvidaron del joven italiano que buscaba en Santa Águeda, "la excelencia curativa de las aguas".[10]

Cinco días después de su llegada al lugar de veraneo, Michele Angiolillo ajusticiaba a Cánovas del Castillo, en un magnicidio espectacular, que habría de cambiar el destino de cinco países. Estados Unidos iniciaría su trayectoria ascendente hacia el Imperio; España se convertiría por casi un siglo en un país *balcánico;* Puerto Rico y las Filipinas en colonias estadounidenses; y Cuba recibiría una independencia regulada e intervenida. De los tres balazos que Cánovas recomendara para ponerle fin a la insurrección en Cuba, dos habían dado en el blanco, Martí y Maceo ya eran cadáveres. Pero sus muertes en forma alguna implicaban el término de la guerra de exterminio que se estaba llevando en Cuba por órdenes directas de Cánovas. Los tres disparos de Angiolillo, como una ironía sublime de la historia, liquidaron la última sombra del colonialismo español en América y el Oriente, y con ello cuatrocientos años de crímenes, saqueos e iniquidades. La agresión de que fue objeto Cánovas fue un "golpe" del cual España no pudo recuperarse completamente, y el gobierno de Madrid quedó en la orfandad total con

---

[10] Enrique Piñeyro, *op. cit.,* pp. 144.

respecto a una política efectiva y coherente durante una de las crisis internacionales más notables de toda su larga historia como nación. La desaparición de Cánovas de la escena política mundial y nacional se convirtió en el primer paso en dirección "al desastre" que como se verá más adelante repercutió e hizo impacto en todo el mundo colonial de fines del siglo XIX.

CUATRO

La justicia del Estado y de la Historia

Trece días después del magnicidio, Angiolillo subió al patíbulo levantado en el patio de la cárcel sin que decayera su serenidad ni su valor. No manifestó tampoco arrepentimiento y se negó rotundamente a aceptar el consuelo sobrenatural que le ofrecieron los dominicos. Era un hombre seguro de sus ideas. A aquel anarquista que había ajusticiado a Cánovas sin temblarle la mano, tampoco le vacilaron las piernas a la hora del suplicio, más largo y doloroso que el sufrido por su agredido. Camino del garrote sube las gradas del cadalso en actitud erguida y se sienta de espaldas al poste de la ejecución. El verdugo y su acólito le atan las manos y se le hace la prueba del ajuste, para asegurar la posición del aro de hierro en relación con su cuello. Su expresión es serena en contraste con la de los militares que son testigos obligados de su muerte. Pronuncia su última palabra, "Germinal", y es atado de piernas al madero. Su ejecutor le hace el ajuste final y comprueba la inmovilidad de su cabeza. Se procede entonces a su estrangulación, girando la palanca que cierra el garrote lentamente. El cuerpo de Angiolillo se contrae y retuerce, la cabeza se inclina hacia atrás y sus ojos se cierran para siempre.

Angiolillo fue rápidamente esposado de pies y manos por sus captores en el pequeño jardín del hotel y ese mismo día trasladado bajo fuerte vigilancia al pueblo de Vergara, capital del distrito, cerca de Santa Águeda. Es encadenado, encarcelado e instruido de cargos. En su primera declaración testifica imperturbable: "Soy revolucionario socialista... traía el propósito de cumplir lo realizado, no por odio personal al señor Cánovas, sino por convicción en las ideas que profeso. Sé que he de morir"[1]

[1] Antonio Padilla Bolívar, "Cánovas, Canalejas y Dato. Tres asesinatos políticos de la restauración", en *Historia y Vida*. No. abril, 1968, Barcelona, p. 102

En la misma prisión de Vergara, en la mañana del domingo 15 de agosto y presidido el Consejo de Guerra sumarísimo por el teniente coronel del 7mo. Batallón de plaza, Eduardo Eleceigui, comienza uno de los juicios más acelerados en la historia de la jurisprudencia militar española. El fiscal se nombra Carlos Escosura, teniente auditor, y el defensor de oficio es el primer teniente de artillería, Tomás Gorría. Se procede a darle lectura, despúes de la declaración de varios testigos "que no aportan datos nuevos" a un "auto de inhibición de la jurisdicción civil", es decir que Angiolillo es juzgado por un Tribunal Militar y no por uno civil para acelerar este "enojoso asunto" y poder celebrar el juicio a puertas cerradas, sin el beneficio de testigos molestos, la intervención de la prensa y lo engorroso de una defensa prolongada. La idea era terminar lo más pronto posible con este caso.

La excusa que el mismo Tribunal se concede para montar esta trama es, según palabras textuales: "la analogía del crimen de Angiolillo con los crímenes anarquistas de Barcelona". Se rebusca una relación jurídica entre los hechos de violencia ocurridos en Barcelona, achacados a los anarquistas con o sin razón y relatados con anterioridad, y el magnicidio de Cánovas. Absurdo legal por partida doble, que trata de encontrar inútilmente una complicidad conspirativa que sólo existió en la mente de estos jueces. La justicia brilla por su ausencia mientras prevalecen los prejuicios políticos.[2]

El día anterior al juicio de Angiolillo, *La Gaceta* publicaba un "Artículo único" por el cual la reina regente decretaba, "de acuerdo con el Consejo de ministros... la supresión de periódicos y centros anarquistas, y para el extrañamiento de los propagadores de ideas anarquistas y de los afiliados y a las asociaciones". Con este decreto se extendía al resto de España la famosa "ley de represión" contra los anarquistas, dictada el 2 de septiembre de 1896 y que solamente se aplicaba en Madrid y Barcelona.[3]

[2] *Ibid.*, p. 103.
[3] *Ibid.*, p. 102.

La acusación del fiscal fue de "delito de asesinato con premeditación y alevosía contra la autoridad constituida" y, por lo tanto, según la situación creada, carente de "...circunstancias atenuantes ni eximentes de acuerdo con los artículos...". Se citan varios acápites constitucionales con respecto al caso y se pide la pena de muerte. Por su parte, el teniente Gorría, a cargo de la defensa, lee un discurso de apología que, como única explicación posible al magnicidio, recurre a calificar a Angiolillo de "falto de razón y carente de inteligencia lo suficiente desarrollada". Es decir, se trata de un loco que además es retrasado mental. La primera calumnia de las muchas que recibió Angiolillo se produce en su mismo juicio, irónicamente por el propio abogado de su defensa. El teniente Gorría pide clemencia.

Es incomprensible que Angiolillo pudiera ser considerado un orate y mucho menos un incapacitado mental. No obstante, la propaganda del gobierno español primero y la versión histórica oficial después, se convierten en fuentes irrebatibles para casi todos los cronistas de la época y como consecuencia de la poca investigación, la desidia o la franca ignorancia cómplice, esta burda mentira ha sido repetida hasta el cansancio por casi todos los historiadores y cronistas hasta nuestros días.

Angiolillo, "con acento italiano y voz débil pide la palabra". Agradece a la defensa su apelación, rechaza cualquier vínculo con los Sucesos de Montjuïch y haber asistido a reuniones secretas, comienza entonces a expresar sus ideas anarquistas. El presidente del Tribunal lo silencia, amenazando al acusado con no concederle más la palabra si no se atiene a los "hechos de auto". Retoma la palabra Angiolillo con más brío, atacando a los partidos políticos y a las guerras coloniales de Cuba y las Filipinas; de nuevo el Presidente lo interrumpe y le dice: "Eso no tiene nada que ver con el crimen cometido contra el señor Cánovas del Castillo." Angiolillo responde: "Necesito justificarme." Y el juez de nuevo: "Eso no es justificarse y además no convencerá usted a nadie con sus doctrinas."

Estamos seguros de que Angiolillo no tenía la menor intención de "convencer" a nadie, además hubiera sido imposible dada la mentalidad de sus jueces. Sabía que era un hombre condenado a muerte por anarquista y antes de la ejecución de Cánovas. Más que una defensa de su acto, Angiolillo, de acuerdo con la tradición de "la propaganda por el hecho", deseaba propagar las ideas que lo inspiraron en el juicio que le servía de tribuna. Ésta había sido la consigna en París con los diferentes anarquistas condenados a muerte, quienes habían usado al tribunal civil para hacer propaganda. De que se tenga memoria, esta idea fue planteada por primera vez por el anarquista alemán Johann Most, residente en Nueva York y director del periódico *Freiheit,* en un folleto titulado *Revolutionary War Science* (*Ciencia de la guerra revolucionaria*), publicado en 1885, traducido a varios idiomas y de una gran difusión en casi todos los medios anarquistas de la época. Most declaraba que los revolucionarios al quedar presos tenían "un deber diferente, un deber elevado que cumplir: ...defender sus acciones desde el punto de vista anarquista revolucionario y convertir su presidio en una tribuna". Los anarquistas condenados injustamente en Chicago por los Sucesos de Haymarket Square en 1886, iniciaron durante su cautiverio esta actitud. La consigna se hizo conducta ante carceleros y la sociedad. Angiolillo no era ajeno a este comportamiento y no pudo comprender las sutilezas de la justicia militar que tenía conocimiento de esta estrategia de los anarquistas en prisión. A diferencia de otros casos, aparentemente, Angiolillo carecía de la elocuencia necesaria para presentar su proposición, aun en el caso de que el presidente del tribunal le hubiera dado oportunidad para su discurso.

Por última vez Angiolillo trata de hacer uso de la palabra, con el mismo tono e igual tema, lo que provoca la ira del presidente que da por terminada la comparecencia del reo en el juicio, mandando a despejar la sala. El anarquista "Vuelve... a ser maniatado y se le colocan los grillos en los pies y el sombrero en la cabeza". Exactamente a las 2 horas y 15 minutos de la tarde de ese mismo día 15 de agosto de 1897, el tribunal dicta sentencia, hallándose al reo culpable de acuerdo con la acusación del fiscal y se dispone que se le aplique el Código Penal con toda su dureza, es decir, la pena de muerte.

El 18 de agosto, en la sala de justicia del Palacio de Buenavista en Madrid se constituye un Tribunal Supremo de Marina y Guerra con el objeto de validar y legalizar el fallo emitido por el Tribunal de Vergara, que es presidido por el General Gamir. A las pocas horas de deliberación, el Consejo concluye con aceptar el fallo anterior de última pena. Angiolillo es condenado oficialmente a ser ejecutado en el garrote.[4]

Durante su encarcelamiento de trece días en la prisión de Vergara, el anarquista italiano se comportó con silenciosa dignidad. Sus carceleros no le maltrataron ni de hecho ni de palabra y fue tratado con evidente corrección. Se le permitió la lectura y recibió la visita de dos frailes dominicos que se interesaron por el arrepentimiento de Angiolillo en relación con el atentado cometido. Le ofrecieron también un "consuelo espiritual", que aquel joven tímido, con una cortesía sincera, declinó terminante, al mismo tiempo que les recordó a sus visitantes su condición de ácrata. Las fotos que se conservan muestran una celda relativamente limpia y con suficiente luz que provenía de una ventana. Angiolillo aparece sentado en una cama en actitud interrogativa y en otra instantánea menos borrosa, se enfrenta a la cámara con una mirada firme y la manos en los bolsillos. Su última voluntad consistió en escribir una carta a su madre en Foggia.

En la España finisecular, existían tres formas legales de imponer la pena máxima: la horca, el fusilamiento y el llamado garrote. Esta última condena consistía en hacer uso de un antiguo artefacto, heredado de la Inquisición española de la Edad Media, como una forma de tortura y pena de muerte al mismo tiempo. Era aplicada para delitos de suma gravedad, tanto sociales como políticos. De las tres formas de eliminar a un

---

[4] *Ibid.*, p. 104.

condenado, las autoridades preferían el pelotón de fusilamiento o la horca, por ser los métodos más rápidos y eficientes, a menos de que se tratara de crímenes espantosos o se quisiera dar un escarmiento. En el caso de Angiolillo, la justicia militar se decidió por el garrote. A las once de la mañana del viernes 20 de agosto Michele Angiolillo fue ejecutado por el Estado español como retribución vengativa y legal por el magnicidio cometido contra Antonio Cánovas del Castillo.

Para la historia quedaron siete fotografías que fueron tomadas en el mismo momento de la ejecución de Angiolillo y que reflejan los últimos momentos del reo, así como el comportamiento del verdugo, su ayudante y los soldados que fueron obligados a ser testigos de la ejecución. La reacción de estos militares y el comportamiento de Angiolillo fueron detallados en un "estudio del antropólogo y penalista Salillas" y por el cual la relación de las fotos, tomadas en secuencia, va relatando el final de Angiolillo desde que sube al cadalso: "...se apoya con su mano derecha en la valla de la escalera del patíbulo. Sin embargo, su actitud es erguida". Con respecto a los testigos, se trata de cuatro soldados en cada esquina del lugar de ejecución, un oficial, un sargento y dos soldados armados. El verdugo parece cumplir su función con un "aplomo fríamente profesional", pero el resto de los militares en un momento u otro, "...vuelven la cara... bajan la mirada o... voltean la cabeza". Demostrando con este ademán su repudio a este tipo de justicia bárbara.[5]

Fernando Almarzán, testigo de la ejecución de Angiolillo, escribe desde Vergara una carta el día 20 de agosto de 1897 a su superior, el general Basilio Augusti:

> ...a las once de la mañana ha sido ejecutado el reo Angiolillo... Ni por un momento ha decaído su entereza ni manifestado arrepentimiento. Una hora antes de la ejecución se le concedió permiso para escribir a su madre, cuya carta conservo para entregar a su excelencia, y cuando sólo faltaban

[5] *Ibid.*, pp. 103-106.

algunos minutos para las once, demostró impaciencia para ir al patíbulo, subió las escaleras de éste sin ayuda y con su habitual entereza... por lo cual se dará sepultura a su cadáver en el cementerio civil a una hora antes de ponerse el sol...⁶

Como se ha podido apreciar, la razón fundamental que movió a Angiolillo a llevar a cabo el magnicidio fue, sin duda, una represalia. Si ésta beneficia o no a la causa separatista cubana es motivo secundario en su pensamiento. Así lo declara momentos después del magnicidio a la viuda de Cánovas, y en declaraciones posteriores agrega: "por convicción", es decir, impulsado por la certidumbre de su ira. La idea del desquite contra el enemigo español se movió en los círculos separatistas con el mismo impulso que dentro del sentimiento ácrata, dentro y fuera de Cuba. Se debe hace constar un hecho relativamente ignorado: el atentado dinamitero producido contra Weyler en 1896, que aporta algo al uso de la violencia contra la representación máxima del gobierno español en Cuba.

Según relata Miró Argenter, general de la guerra, cronista de la misma, catalán y simpatizante de las ideas anarquistas (de sus afinidades libertarias existen suficientes datos para probar este planteamiento) a fines del mes de abril de 1896 se produce un "...suceso sensacional..." cuando "Explotó una bomba de dinamita en el edificio de la capitanía general, colocada por el joven Armando André". La detonación causó daños en los bajos del edificio y "...estremeció a Weyler que se hallaba en su despacho con varios periodistas y oficiales del Estado Mayor". Al parecer, las intenciones de André, de acuerdo con la relación de Miró, "era de exterminar a Weyler cumpliendo de ese modo, lo que ofreció solemnemente al general Maceo".

El atentado fue llevado a cabo "...con el auxilio de dos individuos más, Ceferino Vega (asturiano) y un carpintero llamado Rafael Domínguez". La acción contra la vida de Weyler no tuvo éxito. Es probable que la cantidad de dinamita

⁶ *Ibid.*, p. 106.

usada no fuera suficiente. Colocada en el techo de uno de los servicios sanitarios de la planta inferior, se suponía que al hacer Weyler uso del mismo se produciría el desplome del piso superior, causándole la muerte al Capitán General. Pero no contaron con un detalle crucial: Weyler, por la gravedad de sus hemorroides, casi nunca hacía uso del retrete, sino que llevaba a cabo con mucha dificultad sus necesidades escatológicas en un tibor de campaña, que siempre lo acompañaba en esos momentos difíciles.

De una forma u otra, Weyler, "tratando de desfigurar el suceso, comunicó a Madrid que la explosión había sido producida por la dilación de gases en las letrinas de Palacio...". Pero los periodistas que se encontraban en el lugar negaron la versión oficial "atribuyendo la explosión a una bomba de dinamita fabricada ex profeso y colocada... por filibusteros".[7]

Sabemos por versiones posteriores que Armando André había llegado de Cayo Hueso con planes al respecto y que obtuvo la ayuda de dos cómplices para su misión, que fueron además los que le proporcionaron la dinamita. André era sin duda un patriota cubano, pero Vega y Domínguez, aunque Miró lo silenciara y lo ignorara, eran sin duda anarquistas.[8]

Concluye Miró el relato dejando constancia:

> El hecho realizado por Armando André y los dos sectarios con grave riesgo de sus vidas, merece particular mención en la historia de nuestras luchas por la independencia, porque sobre el valor en grado superlativo que demuestra esta acción, tiene la particularidad de no haberse intentado antes ni puesto en práctica después.[9]

---

[7] José Miró Argenter, *Cuba, Crónicas de la guerra*. Editorial Lex, La Habana, 1943, tomo II, tercera edición, p. 224.

[8] Versión oral al autor por Agustín Castro, el 23 de marzo de 1987. Castro conoció personalmente a Domínguez en 1919, quien relató el incidente, declarando que lo mismo él que Vega participaron junto con André en el atentado, y que ambos eran asturianos y anarquistas.

[9] Miró Argenter, *op. cit.*, p. 225.

Pero según parece, el juicio de Miró Argenter no era compartido por la figura más representativa del separatismo en el exterior, Tomás Estrada Palma. El inquieto André escapa a La Florida y desde allí se comunica con el Delegado del Partido Revolucionario Cubano, con residencia en Nueva York. De acuerdo con la versión de Emilio Roig de Leuchsenring: "Desde Tampa André después de haber cometido el atentado contra Weyler le escribe a Estrada Palma explicando el hecho y 'ofreciéndose para llevar a cabo nuevos atentados terroristas'". Estrada Palma por su parte le responde a André con una carta fechada el 5 de mayo de 1896 de forma ambigua y de acuerdo con su carácter. "El efecto producido es bastante por ahora. Según se desenvuelvan los acontecimientos podía acordarse lo que convenga."

Durante el conflicto, el uso de la dinamita fue de uso común en la manigua, especialmente contra trenes y la toma de algunas ciudades en Oriente. En cuanto a los atentados con "bombas de dinamita", Roig de Leuchsenring refiere:

...tenemos noticias sin poder precisar la fecha, de otra bomba colocada por el propio Armando André en el acueducto de La Habana y de una que en época del general Blanco fue puesta en el teatro Irijoa que ocasionó la muerte del señor Poo.

Poco tiempo después se produce un cambio estratégico por parte de la dirección del separatismo cubano emigrado en EE.UU., debido probablemente a la crisis que se creó entre esta nación y España a causa del incidente del acorazado Maine en 1898. Ahora Estrada Palma repudia clamorosamente cualquier tipo de acción dinamitera en las ciudades. En respuesta a una carta que desde Cayo Hueso le envía Perfecto Lacoste, Estrada Palma, el 2 de marzo de 1898, preocupado por los patriotas de Cayo Hueso que reclaman "con insistencia bombas de dinamita y otros explosivos", trata de disuadir a estos elementos de sus tácticas "terroristas" exponiéndole a su corresponsal que, "Por otra parte, no debemos enseñar a nuestro pueblo los métodos anarquistas que mañana se volverán contra nosotros en el seno de nuestra República misma".[10]

Unos pocos años más tarde y relacionado directamente con el atentado a Weyler, encontramos la misma versión en las memorias del doctor Pedro Vallina, pero esta vez con un actor nuevo y diferente, Secundino Delgado, natural de las Islas Canarias, al igual que Weyler, y al que Vallina conoce en la Cárcel Modelo de Madrid. Vallina, anarquista que había sido encarcelado en el falso "Complot de la coronación", es ahora acusado de proferir "graves ofensas al heroico ejército espa-ñol" y, reo sin juicio, pasa a convertirse de "preso gubernativo a detenido por el fuero militar". Vallina nos relata que Delgado, su compañero de presidio al que describe como... "un mozo de 30 años, alto, bien proporcionado, de aspecto arrogante, con una ancha cicatriz... en la mejilla, es un hombre deprimido por los años de encierro injusto, cabizbajo, paseándose de un lado a otro sin articular palabra". Delgado había sido un español combatiente por la causa separatista y se le acusaba "de haber arrojado una bomba contra la Capitanía General de La Habana, donde se alojaba Weyler". Según el relato, se "le mantenía preso en España por impo-sición de Weyler, sin que se le comunicara auto de procesa-miento alguno". Todo esto a pesar de que la guerra en Cuba había terminado hacía ya varios años.[11]

Entre los compañeros que tratan de auxiliar a Vallina en la cárcel se encuentra Fermín Salvochea, el que enterado del caso de Secundino Delgado decide, después de una entrevista con éste, trabajar a favor de su libertad. Es muy posible que se tratara de una venganza personal de Weyler, quizás por su doble condición de separatista cubano y paisano de éste. Según

---

[10] Emilio Roig de Leuchsenring, "El terrorismo y los atentados personales fueron condenados siempre por los caudillos de nuestra revolución emancipadora", en *Carteles*, 11 de Oct. de 1936, La Habana, pp. 9 y 53.

[11] Pedro Vallina, *Mis memorias*, Primer Tomo, Editorial Tierra y Libertad, Caracas, 1968, p. 84.

declara Salvochea, este hombre era inocente y "Weyler lo tiene sepultado por tiempo indefinido llevado por un odio y una ruindad extrema". Salvochea toma interés por el caso Delgado y le escribe a "varios amigos que tenía en Cuba, entre otros Estrada y Palma" para que reclamen la libertad del prisionero. Las gestiones de Salvochea, lo conducen a dos personajes influyentes, al mismo tiempo que correligionarios de Weyler y amigos del militar español: Eduardo Benot y José Canalejas. El primero fracasa de plano en su encargo y al segundo se le ofrecen unas explicaciones que nos iluminan con respecto al carácter de Don Valeriano y al atentado en el Palacio de los Capitanes Generales. Canalejas le pide a Weyler, después de una copiosa cena, "un favor". Este último accede: "Nada puedo negarle de cuanto de mí dependa". Canalejas entonces reclama "una gracia que más parecía justicia" y le sugiere a Weyler que ponga en libertad a Vallina y a Delgado. El general accede con deferencia a Vallina pero se niega rotundamente a perdonar a Delgado. Weyler explica:

> ...aborrezco a Delgado que, siendo canario, tomó parte en la insurrección cubana contra España, y que además *se le acusa* [cursivas del autor] de haber colocado una bomba en el retrete de la Capitanía General de La Habana, edificio que yo ocupaba, y que al estallar lo salpicó todo de porquería, que es lo que más me indignó. No puedo perseguirlo legalmente por haber ocurrido el delito en Cuba... pero nadie impedirá que lo mantenga encerrado por tiempo indefinido.[12]

Evidentemente que Delgado había sido hallado sospechoso por alguna autoridad colonial en Cuba del atentado de que fue objeto Weyler, y fue mantenido en prisión por largos años. Poco se sabe de su suerte, pues Vallina tuvo que exiliarse en París, después de ser dejado en libertad "provisional", y el mismo Salvochea le recomendó el viaje. Al despedirlo, el teórico anarquista andaluz le pide a Vallina que "no olvides lo de Secundino Delgado".[13]

[12] *Ibid.*, p. 86.
[13] *Ibid.*, p. 89.

La falsa versión de la muerte de Antonio Maceo en las cercanías de La Habana, el 7 de diciembre de 1896, en una escaramuza irregular, en lo que parecía a primera vista como una emboscada traicionera y un crimen deshonroso, ayudó a crear un deseo de venganza por parte de los separatistas cubanos y sus simpatizantes. Algo parecido ocurrió al otro lado del mundo que pareció darle la razón a los más suspicaces.

A principios de 1897, la emboscada tendida al patriota José Protasio Rizal y Alonso, médico y escritor independentista que fue fusilado en Manila, causó una mala impresión entre la dirigencia separatista filipina y cubana. Actos, reales o no, cometidos por los españoles y de los cuales se había hecho eco Carlos Malato, el que se preguntaba desde París: "¿Quién vengue a Rizal y a tantos otros se le debe considerar cómo asesino o cómo justiciero?" [14]

Existen pruebas para afirmar que lo que suscitó el endurecimiento de la ira de Angiolillo fueron las campañas propagandísticas que inicia después de su expulsión de España Tarrida del Mármol, las que comienzan en París, desde publicaciones francesas, y que, según Estrade, se convierten en "una tribuna cotidiana en la revista literaria *Le Reveu Blanche*. Trece artículos que se ofrecen a continuación, logran ver la luz..."[15]

No se debe perder de vista tampoco el impacto que causó no sólo en Angiolillo sino en toda la opinión europea el libro de Tarrida, *Los inquisidores de España*, publicado originalmente en francés en la primavera de 1897. Lector asiduo de la prensa libertaria de su tiempo, lo mismo en Génova, que en Lucerna, Barcelona, Londres o París, Angiolillo recibe una impresión constante de los crímenes que comete España en Cuba. La propaganda anarquista que hacen Malato y Grave en particular y el resto de los libertarios asociados al Comité Francés de

[14] Paul Estrade, *La colonia cubana de París*, Editorial de Ciencias Sociales, La Habana, 1984, p. 115.
[15] *Ibid.*, p. 51.

Cuba Libre, que se oponen abiertamente al colonialismo español y sus abusos en América y Asia, están presentes en la determinación del magnicida.

Lo que a nuestro entender reafirmó la decisión de Angiolillo con respecto al atentado, es que tomó conciencia de que sus compañeros ácratas italianos como Falco, ingleses como Perry, franceses como Reclús, o españoles y cubanos como Salvochea o Tarrida del Mármol, apoyaban abiertamente la causa cubana en Europa, por justa, y denunciaban la dominación española por detestable. Un mundo en blanco y negro, característico de la Europa y sus habitantes a fines del siglo. En las frustadas e interrumpidas declaraciones de su propio juicio, Angiolillo intentó acusar a Cánovas de los crímenes en Cuba, lo que prueba cómo lo había afectado la solidaridad de los anarquistas hacía la causa de Cuba.

Un hecho notable también se desarrolla en París en relación con los Sucesos de Montjuïch en el que participan juntos Tarrida y Betances: el *affaire* Gana. Como ya sabemos, ésta víctima de las torturas de Montjuïch venía de Londres donde conoció a Rocker y a Angiolillo. A mediados de 1897 llega a París este refugiado español que pertenece al Partido Republicano, quien —detenido en Barcelona como sospechoso— insistía en denunciar a las autoridades españolas públicamente. Francisco Gana conoce a Betances por mediación de Tarrida o de Malato y entonces,

> ...participa como testigo en la campaña efectuada en Francia "contra los Torquemadas". Betances y Tarrida lo pasean por las salas de redacción de los periódicos parisienses. El mismo Clemenceau atestigua el hecho... se hace público un certificado médico expedido el 12 de julio de 1897... que comprueba las huellas de mutilación dejadas por los golpes en el cuerpo...[16]

Y si además de las razones antes mencionadas hubiera habido alguna duda en la decisión de Angiolillo de golpear al gobierno español, podemos afirmar con seguridad que el

[16] *Ibid.*, p. 112.

affaire Gana, que como recuerda Rocker fue conocido de cerca por Angiolillo, hubiera sido suficiente para conmover los resortes psicológicos de venganza que el joven anarquista tenía en su cerebro, los cuales se dispararon y lo motivaron profundamente a realizar el magnicidio, como un acto que el italiano consideraba de justicia suprema.

CINCO

Opiniones responsables

El viejo revolucionario retornaba de su acostumbrado paseo dominical acompañado de su esposa Simplicia. Era un hombre alto, de andar erguido, tez morena con barbas y cabellos largos, blancos y despeinados. Poseía una mirada serena y un paso seguro a pesar de sus setenta años. Notó que el control policíaco se había incrementado frente a su domicilio. Al entrar en la casa se sorprendió por la presencia de numerosos periodistas. El fiel amigo Don Bau se le adelanto ceñudo y le soltó a quemarropa: ¡Han matado a Cánovas! Sin alterar el rostro, el médico recordó al joven anarquista que le visitara diez días antes. Había cumplido sus propósitos, pensó; Maceo y Rizal han sido vengados. Enterado de la noticia que no pareció afectarlo, se preocupó por Tarrida y Malato. Después comprendió que su propia situación se haría difícil con tantos enemigos emboscados. Hasta entrada la madrugada los cronistas los asedian con toda clase de preguntas, sobre el sangriento suceso de Santa Águeda. La declaración principal de Betances fue escueta y mesurada: "No aplaudimos pero tampoco lloramos."

L a noticia del atentado se extendió a través del telégrafo a Europa primero y luego al resto del mundo con una celeridad notable. El duelo oficial decretado por la reina regente inició una época de incertidumbre para los anarquistas españoles que dio lugar a un decreto punitivo y que continuó con una dura represión por más de una década. En París, los separatistas comenzaron a ser hostigados por los gendarmes la misma tarde del magnicidio. El día 13 de agosto, en un despliegue a ocho columnas, *L'Intransigeant*, dirigido por Henri Rochefort, publicaba un artículo protestando por la persecución contra los cubanos, que, según Rochefort, no habían cometido crimen alguno y por la actitud del Estado francés que respondía a la presión al "...prodigar con poco gasto, un gesto de amistad hacía el Gobierno español...".

El mismo Betances que había sufrido intimidaciones anteriores, es casi conminado a abandonar el país y se le amenaza con un proceso de expulsión si no termina con sus actividades separatistas. El Secretario General del Comité Cubano de París tiene entonces que recurrir a sus amistades y contactos en los más altos círculos de la República Francesa para evitar su deportación. Sus amigos apelan ante el gobierno dada la condición que ostenta Betances como Caballero de la Legión de Honor, y esta gestión paraliza la maniobra de la Embajada de España contra el patriota puertorriqueño.

Sin embargo, el 12 de agosto son detenidos Tarrida y dos separatistas cubanos evadidos recientemente de la prisión de Chafarinas gracias a una gestión de Betances. Se trata de Manuel Planas y Justo García, los cuales junto con Tarrida son expulsados a Bélgica, "acusados de complicidad con los anarquistas", a pesar de que los cubanos de Chafarinas habían arribado a Marsella el día anterior. Tarrida, forzado por las circunstancias, manifestó a *L'Intransegeant* su repudio al atentado contra Cánovas. Tal declaración no le evitó una nueva y definitiva deportación.

Rochefort, por su parte, en una sorprendente exposición, justificó el magnicidio invocando la "Ley del Talión" y como "un producto de un encadenamiento inevitable y que demuestra la imposibilidad de jugar impunemente con la muerte de otros..."[1] Betances, en correspondencia con Gonzalo de Quesada, escribe el 13 de agosto informando a la Junta de la grave situación de los separatistas, y en esa carta incluye una frase significativa: "La venganza de Maceo ocurrida en Santa Águeda..."[2]

---

[1] Paul Estrade, *La colonia cubana de París*, Editorial de Ciencias Sociales, La Habana, 1984, pp. 115 y 188.
[2] Félix Ojeda Reyes, *La manigua en París: Correspondencia diplomática de Betances*, Edit. Corripio, República Dominicana. 1984, p. 133. Esta carta de Betances a Gonzalo de Quesada repite la noción incorrecta y generalizada de la "traición" relacionada con la muerte de Maceo. Además refleja su pensamiento sobre los motivos del magnicidio de Cánovas, al mismo tiempo que omite por obvios motivos, su participación en dicho atentado.

La prensa francesa se llenó de indignación y severos comentarios fueron lanzados contra "la violencia" y el "terror" perpetrados por los ácratas. Al mismo tiempo se iniciaba por parte del gobierno una campaña contra los separatistas cubanos a los cuales se les consideraba "cómplices" del magnicidio, suponiendo correctamente las innegables ventajas políticas que obtendrían los cubanos con la desaparición de tan poderoso enemigo. Los franceses, agudos observadores del dilema español en Cuba, fueron los primeros en descubrir las ventajas políticas que significaba para el separatismo la vengaza de Angiolillo.

Si la actitud defensiva de Tarrida al hacer declaraciones contra el uso de la violencia es comprensible, por su condición de anarquista y simpatizante del separatismo cubano, no lo es menos también la asumida por el semanario bilingüe editado en París por los rebeldes cubanos, *La República Cubana/La République Cubaine,* órgano de la independencia. Hallándose en situación precaria, decidieron, ora por conveniencia, ora por convicción, condenar el atentado. Así las cosas, en el número 75, del 12 de agosto, dicha publicación daba a la estampa un artículo titulado "La muerte de Cánovas". En otro siguiente, el del número 76, del 19 de agosto, además de negar toda complicidad o responsabilidad con el magnicidio, condenaba severamente a "sus autores" y explicaba: "Nosotros deseamos que quede claramente establecido que los insurgentes cubanos no tienen ninguna relación con los fanáticos que predican la anarquía en las plazas públicas y se hacen pasar por cubanos."[3] Desde la misma publicación G.Z. (Gabriel de Zéndegui y Gamba), residente en Inglaterra en esos momentos "dará a conocer, al anunciarse la muerte de Cánovas, la clara condenación de los métodos anarquistas por los cubanos de Londres".[4]

Estas declaraciones de *La República Cubana,* eran una explicación a las autoridades francesas e iban dirigidas contra

[3] Estrade, *op. cit.,* p. 110. El original en francés, traducido por el autor.
[4] *Ibid.,* pp. 122-123.

Tarrida de Mármol. Por supuesto, esta denuncia sorprendió desagradablemente a los anarquistas franceses que formaban parte del Comité Francés de Cuba Libre; militantes como Achilles Steem, Léopold Lacour y Charles Malato, este último además colaboraba precisamente con *La República Cubana*. Las gestiones de Betances y Tarrida habían acercado a la causa separatista a figuras prestigiosas del anarquismo francés como Sébastien Fauré, Jean Grave, Elie y Elisée Reclus, Louise Michel, etcétera.[5]

Como era de esperar, en España la prensa oficial y la "oposicionista", condenó el "vil asesinato" de Cánovas, un prohombre público que detentó el poder casi absoluto en España y que como todo gobernante estaba expuesto y consciente del peligro que se corre cuando una personalidad se convierte en factor determinante, por no decir único, en una nación. El magnicidio en España no era tampoco ninguna novedad. El caso del general Juan Prim es otro buen ejemplo, del cual Cánovas casualmente se había beneficiado políticamente en 1870. Todo eso sin descartar los rumores de la época que involucraban a Cánovas en este turbio asunto. Los medios de comunicación peninsulares no tenían ninguna información verídica de las actividades bélicas que se desarrollaban en Cuba, y la opinión pública ignoraba los horrores de la "reconcentración" y la responsabilidad de Cánovas en la misma, debido a la censura de Weyler. Esta política contra la población civil causó más víctimas en un día que todas las bajas ocasionadas por los anarquistas en su historia. Mientras que la represión y el terror canovista en Cuba estaban justificados y legalizados por el Estado, el acto solitario de Angiolillo, producto de su venganza contra este tipo de acosamiento, era un crimen horrendo por estar el culpable "falto de razón" y ser anarquista.

En La Habana mientras tanto, el 17 de agosto se celebran en la catedral los funerales por el alma de Cánovas, con la asistencia de Weyler. Acontece un interesante incidente en el que el obispo español de la sede, Manuel Santander Frutos, por motivos que no han sido aclarados, prohibió a sus ofi-

---

[5] *Ibid.*, pp. 222-223, "El apoyo político de los anarquistas".

ciantes aceptar el cargo en la misa de Requiem y fue "significativo", como relata Fernández Almagro, "de que un capellán castrense pronunciase la oración fúnebre". Es de notar que las autoridades españolas a cargo de la seguridad del Capitán General detuvieran a dos sospechosos del "atentado que iba Weyler a ser víctima al salir de la catedral".[6]

Cierta prensa estadounidense, calificada de "amarilla" —no sin razón— por sus mismos colegas en el país y por la prensa española, de la cual hay que hacer constar que no se diferenciaba mucho en sus exageraciones o francas mentiras a la de sus colegas en EE.UU., dato importante que muchos cronistas no han tenido en cuenta, ofrecieron a sus lectores diversas versiones y opiniones sobre los hechos. En los Estados Unidos, algunos medios de comunicación a finales del siglo se caracterizaban por ofrecer noticias sobre la situación cubana, con medias verdades, falsificaciones y hasta noticias engañosas. La prensa "amarilla" peninsular hacía otro tanto con sus lectores. Sin embargo, los periódicos más serios de la Unión deploraron el atentado contra el jefe del gobierno de España y casi no mencionaron a su ejecutor. La mayoría coincidía en que la muerte del líder español "aceleraría" la independencia por el camino de la insurrección, estando en completo acuerdo con sus colegas franceses que ya intuían la salida del laberinto colonial español.

Desde principios de 1895 la prensa estadounidense se tornó en dirección al separatismo. Para mediados de 1897 la mayoría de las publicaciones eran abiertamente antiespañolas. Varios factores políticos y económicos influían en esta posición favorable a los cubanos: un cabildeo efectivo por parte de la Junta Revolucionaria de Nueva York; la actitud francamente imperialista de las administraciones norteamericanas desde la ocupación de Hawaii; la importancia de sus intereses económicos en Cuba; los errores y contradicciones del gobierno español; el expansionismo hacia las Antillas que databa de principios de siglo y,

[6] Melchor Fernández Almagro, *Historia política de la España contemporánea. 1897–1902*, tomo III, Alianza Edit. S.A. Madrid, 1968, 1970, p. 18.

finalmente, los horrores que se cometían en la guerra de exterminio que se llevaba a cabo entre los bandos beligerantes en Cuba.

Se puede dudar de la credibilidad de las publicaciones estadounidenses al igual que de las españolas, pero es indudable que ambas ofrecían un enfoque, una opinión general y hasta oficial de las agendas y conveniencias de las dos naciones. Es necesario entender que los medios de comunicación, periódicos y revistas, tanto en la Unión como en España, respondían en la mayoría de los casos a intereses económicos y políticos. Su misión consistía, además de galvanizar a la opinión pública, en obtener un consenso y una aprobación en favor de la política interna y externa de ambas naciones. En el caso de España, desde principios de 1898 esta situación se transmutó, y la opinión que emanaba de los medios de información constituyó el sentir colectivo de una gran parte del pueblo español, que se manifestaba contra EE.UU. a medida que se acercaba la crisis final.

El ajusticiamiento de Cánovas en 1897 fue motivo de comentarios y opiniones sobre el destino de Cuba en la prensa estadounidense. *The New York Journal* dice con referencia a Cánovas: "Tan colosal era su poder personal que, una vez desaparecido... Cuba puede ya prepararse a ser libre." Por su parte, *The New York Sun* publicaba:

> Cánovas podía prometer reformas y libertades para Cuba, únicamente después de que los insurrectos depu-sieran sus armas y se rindieran... Sagasta, su más probable sucesor, las concederá desde luego, empezando por destituir al bárbaro de Weyler.

The New Orleans Democrat con el título de "Acto providencial", ofrece una interesante profecía: "Los cubanos van ¡por fin!... a ver realizados sus sueños de libertad, porque ahora sin Cánovas, la guerra entre los Estados Unidos y España es inevitable." Como se podrá apreciar, la prensa estadounidense usaba la palabra "libertad" o "ser libres" con mucha ligereza, en lugar de independencia, que como bien se sabe era el objetivo separatista y tiene una connotación y un significado bien distinto, tanto en inglés como en español.

No faltaron tampoco las versiones de los cubanos residentes en Estados Unidos. *The Constitution* de Atlanta recoge la opinión general de éstos,

> La muerte de Cánovas alegra a los cubanos. La colonia cubana de Atlanta manifiesta gran estusiasmo por el asesinato. Lo creen una bendición para Cuba... Casimiro Pérez, el famoso azucarero que desde hace meses reside en Atlanta emite los mismos juicios: "La muerte de Cánovas es un inmenso beneficio". "Cánovas —añade Oscar Pacetti, el conocido tabaquero— debió ser asesinado hace veinte años."

Había otra información digna de ser mencionada. El 10 de agosto *The Chicago Chronicle*, bajo el epígrafe de "Procedimientos asesinos", daba una versión diferente.

> El efecto del asesinato de Cánovas ha sido todo lo contrario de lo que la Junta Revolucionaria esperaba. Ha unido a todos los partidos españoles y ha restado simpatías a todos los patriotas cubanos... Quizás suceda esto con injusticia porque no resulte exacto que la comisión del crimen haya sido inspirada por los patriotas cubanos.

Como era de esperarse, hubo comentarios negativos hacia el magnicidio por parte de algunos cubanos en la emigración. *The Boston Globe* recogía este pronunciamiento patriótico del presidente de la Junta Revolucionaria de Boston, José Monzón:

> Indudablemente Cánovas ha sido muerto por un fanático. Tengo la seguridad de que ningún cubano, ni ningún amigo de nuestra independencia simpatiza con el asesino. No somos criminales. Además no queremos la muerte de Cánovas ...Combatimos al gobierno español y más particularmente la soberanía de España.

Según el artículo, Monzón finalizaba deplorando la "mancha caída sobre la historia de la revolución y el hecho de que Weyler escapara a la venganza cubana". Desde Filadelfia, el representante oficial de la Junta en esa ciudad, Frank Domínguez declaraba, "Quiero ver libre a Cuba pero no a merced de un asesino".[7]

Si la opinión de Tarrida y de los cubanos de *La República Cubana* era justificada por su situación en Francia, las declaraciones de Monzón y Domínguez estaban totalmente fuera de lugar y exhibían un desconocimiento completo de la situación política del momento. Aceptando que sus opiniones fueran sinceras, contrastaban con lo expresado por los cubanos de Atlanta, representados por Pérez y Pacetti. Es probable también que estos últimos coincidieran con la combativa emigración de Tampa y Cayo Hueso, aunque no hemos podido recopilar tales datos. A diferencia de los emigrados en París que estaban bajo amenaza de deportación y de hecho Tarrida fue expulsado, ninguno de estos caballeros corría peligro. Es de notar la poca consistencia del argumento de Monzón, que culpaba a Weyler de los horrores de la guerra y por lo cual se merecía que alguien lo ajusticiara, y lamenta hipócritamente la muerte de Cánovas, su verdadero autor y responsable, como bien apuntara Betances.

Todo lo cual nos lleva a considerar el porqué siempre se culpaba a Weyler y no a Cánovas de las fechorías cometidas en Cuba. La prensa estadounidense sentía por el Primer Ministro de la Corona un gran respeto como persona y gobernante. Este criterio era compartido afirmativamente por el Departamento de Estado en Washington, lo mismo que las cancillerías europeas. Cánovas era conceptuado por los que eran sus iguales internacionalmente como un hombre inteligente, pragmático, figura clave en la política española, representante del honor nacional y responsable de los destinos del imperio español. Los medios de información de EE.UU. trataron a Cánovas con respeto a pesar de estar enterados de su responsabilidad en el caso cubano, y mantuvieron una actitud discreta en relación con el jefe de Gobierno, con el

---

[7] Manuel Espada Burgos, "La muerte de Cánovas en la prensa norteamericana", en *Historia y Vida*, No. 57, Dic. 1972, Barcelona, pp. 112-113.

objeto de no envenenar aún más las ya vacilantes relaciones entre Madrid y Washington.

Había entonces que buscar un responsable de los denunciados crímenes de la "reconcentración", una "cabeza de turco" a la cual golpear sin cesar en nombre de la humanidad y, naturalmente, el personaje más adecuado era Valeriano Weyler, alias "El carnicero". Era menos arriesgado acusar a un general español de genocida y criminal que al señor Cánovas del Castillo, primer ministro de la Corona de España. Hay que reconocer que Weyler, por su parte, cumplía maravillosamente y con gusto su papel de "gran criminal", no sólo por su carácter autoritario, sino también porque le gustaba obedecer con eficiencia las crueles órdenes de Madrid. Weyler, se justificaba cínicamente, como un militar disciplinado, que admiraba e imitaba las tácticas bélicas de William T. Sherman durante el episodio sangriento de la "Marcha al sur" en la Guerra Civil norteamericana.

También para la historia quedaron dos declaraciones importantes, la de Tomás Estrada Palma, delegado de la Junta en Nueva York, figura preponderante de la emigración, y la de Máximo Gómez, generalísimo de la insurreción armada en los campos de Cuba. Estrada Palma le manifiesta a *The New York World*, el 9 de agosto, unas pocas horas después del magnicidio de Cánovas:

> Aunque no siento ninguna simpatía por el asesino, no puedo dejar de sentir de que fue un acto de justo castigo. Él, [Cánovas] fue la causa de las crueldades de las tropas españolas en Cuba y no puedo evitar el sentimiento de que me estoy beneficiando con ello.[8]

Si la opinión de Estrada Palma refleja su desprecio por Angiolillo, no deja de reconocer dos verdades evidentes: una, admite con justicia que el acto del anarquista fue provechoso para la independencia de Cuba, y dos, que el jefe del Gobierno

---

[8] Hugh Thomas, *Cuba, The Pursuit of Freedom*, Harper & Row, New York. 1971, p. 350.

español fue el responsable de la situación criminal que estaba aconteciendo en la Isla.

De hecho, las crueldades disminuyeron con la actitud del nuevo Presidente del Consejo, Marcelo de Azcárraga, sustituto temporal de Cánovas, quien envió un telegrama el 5 de septiembre a través del Ministro de la Guerra.

> en el que Azcárraga llamaba la atención de Weyler sobre las censuras que se le dirigían a propósito de 'las bajas causadas al enemigo, sin expresar combate' por suponer los maliciosos que se mataba a los concentrados y presentados indefensos.

Weyler, naturalmente, negó la acusación con la clásica excusa de que "tenía la conciencia tranquila de haber salvado la integridad nacional", respuesta ambigua y necesaria. Sin embargo, se establece el precedente en un conflicto colonial de que un Ministro de la Guerra europeo pusiera bajo sospecha los métodos de un general en campaña.[9]

Máximo Gómez, por su parte, emite su primera declaración con respecto al atentado contra Cánovas en una carta a Estrada Palma fechada el 18 de septiembre de 1897. Emilio Roig de Leuchsenring comenta: "...enjuicia [Gómez] como veremos el asesinato de Cánovas del Castillo, no obstante los indudables beneficios que la muerte del jefe del Gobierno español había de producir a la causa cubana". En esta misiva, Gómez expresa su punto de vista de esta manera:

> El ojo certero del anarquista Angiolillo —de cuyo impuro contacto estamos alejados por suerte— inflingiendo tan rudo golpe a España en momentos tan caóticos, destruye sus tanteos y equilibrios en el abismo de su perdición y su desgracia.

La segunda carta de Gómez, y usando el mismo estilo despectivo y condenatorio contra el anarquista italiano, es dirigida a su mismo corresponsal con fecha 18 de diciembre de 1897 y dice:

[9] Fernández Almagro, *op. cit.*, p. 21.

Si a Angiolillo se le hubiese ocurrido escaparse después del atentado contra Cánovas y refugiarse en nuestras filas, pensando salvarse, de seguro se habría equivocado tristemente porque aquí, la justicia, que debe ser la elegida de los hombres civilizados, hubiera sido cumplida como se cumplió en Madrid. Nosotros no podemos codearnos con reos de delitos comunes porque sería manchar la bandera de la Libertad y la del Orden que tremolan...[10]

Estas dos epístolas de Máximo Gómez revelan toda la hipocresía de su carácter. En la primera, no existían dudas de que el "golpe" a sus enemigos más temibles, había sido "rudo" y que perturbaba toda su política en relación con Cuba. Sin embargo, es necesario estar "alejados" de un individuo capaz de hacer adelantar la causa de la independencia, pues sus métodos no son los "convencionales". La carta del 18 de diciembre es para la Historia y de este hecho Gómez está siempre consciente. Su correspondencia sería siempre archivada cuidadosamente en Nueva York o entre sus papeles oficiales. Dejando a un lado su retórica epistolar, el Caudillo separatista especula sobre la posibilidad de que Angiolillo buscara asilo dentro del campo insurrecto y lo que le hubiese ocurrido si tamaño error cometiese. Las posibilidades de que estos sucesos hubiesen acontecido, hubieran sido las mismas que la de tratar de cosechar tulipanes en el Sahara. Tamaña idea, por esos años, no la soñaría ni Julio Verne.

Con respecto a la justicia militar española, que el mismo Gómez condenó en infinidad de ocasiones, cuando le era aplicada constantemente a los prisioneros cubanos o a campesinos indefensos, en el caso de Angiolillo le parece correcta y "la elegida por los hombres civilizados". La duplicidad de Máximo Gómez no puede ser más elocuente.

Años más tarde, en los inciertos inicios de la República, Gómez deja constancia por segunda vez de sus ideas en

[10] Emilio Roig de Leuchsenring, "El terrorismo y los atentados personales fueron condenados siempre por los caudillos de nuestra revolución emancipadora", *Carteles,* 11 de Oct. de 1936, La Habana, p. 53.

Última foto de Michele Angiolillo y Galli

Él doctor Ramón Emeterio Betances y Alacán

Antonio Cánovas del Castillo

Máximo Gómez

Antonio Maceo

Arsenio Martínez Campos

Valeriano Weyler

relación con el magnicidio de Cánovas en unas declaraciones hechas en 1903. "Cánovas era nuestro enemigo... pero si hubiese caído en mis manos, no lo hubiera matado...". Y acerca de Angiolillo:

> El otro era un fanático, más que un fanático un alucinado. Nosotros también estábamos fanatizados, pero de diferente manera... Nosotros queríamos la independencia... ésta era nuestra idea dominante, teniendo sin embargo otras ideas... la del honor, de la familia, el deber, de la amistad. Nosotros queríamos la independencia... Nosotros teníamos el concepto del límite moral. Ese joven tenía una... idea fija: matar a Cánovas que el creía era el responsable de todos los males. Estaba obseso; era un enfermo. Daba su vida por la vida de Cánovas. La humanidad y Cuba no le deben nada a ese hombre. El valor sí lo tuvo y esto lo redime en parte. Estos actos de terrorismo no los atenúa a veces más que el valor. El desinterés sobre su propia vida, hace menos repulsivo el delito. La revolución tenía una teoría de la vida y la muerte, que no era la anarquista.[11]

Estas palabras de Gómez, recogidas por Ferrara después de concluido el conflicto contra España, no concuerdan con lo escrito por el propio Gómez en un extracto de su diario de campaña, en referencia al verdadero culpable de la guerra de exterminio que hacía España en Cuba. Gómez pone en boca de Cánovas las terribles palabras del líder conservador, al enviar a Weyler para Cuba: "Valeriano, no olvides nunca que los pueblos cuando se levantan... es preciso someterlos; pero al de Cuba... es necesario aniquilarlo por completo."[12] Esta contradicción con respecto a Cánovas es evidente No hay dudas de que Gómez se está refiriendo a su mayor enemigo, pero unos años después hay que respetarle la vida. Sorprendente cambio de ideas de un personaje que como caudillo militar nunca se anduvo con "paños tibios".

---

[1] Orestes Ferrara, *Mis relaciones con Máximo Gómez*, Edic. Universal. Miami, 1987, pp. 74-75

[12] *La Enciclopedia de Cuba*, tomo IV. Edit. Playor S.A. Madrid, 1974. Máximo Gómez. "Extractos de mi diario de campaña", p. 577.

La larga trayectoria de Gómez —que comenzó en su Santo Domingo natal a las órdenes de los españoles, y a los que combatió con tanto éxito en las dos guerras de Cuba— está llena de actos punitivos, represivos y hasta sangrientos. Jefe supremo del Ejército Libertador, usó en varias ocasiones los mismos métodos draconianos de Weyler con respecto a "guerrilleros" o voluntarios, en el caso de que fueran cubanos. Le hizo una guerra terrible y horrible a sus enemigos. Degradó y fusiló a sus propios generales y su consigna contra cualquier cubano al servicio de España, en el campo del autonomismo o con las armas en la mano, fue "Guásima, cabuya y sebo", es decir, la horca.

Tan temprano en la guerra, como el 1ro de julio de 1895, en Najasa, Las Villas, firmado por el General en Jefe, Máximo Gómez decreta por medio de una "Circular", dirigida a los "hacendados y dueños de fincas ganaderas" prohibir "la introducción de frutos de comercio en las poblaciones ocupadas por el enemigo", la de "ganado en pie" y paralizar la labor de las "fincas azucareras", e indica que aquellos que intentasen "realizar la zafra" le serían incendiadas "sus cañas y demolidas sus fábricas". Por todo lo cual cualquiera que no obedeciese estas órdenes sería considerado como "desafecto", "tratado como traidor y juzgado como tal..." Por otra "Circular", esta vez en Sancti Spíritus, el 6 de noviembre de 1895, Gómez y "en armonía con lo dispuesto sobre la materia en Circular de 1 de julio", en un recrudecimiento de su táctica de "tierra quemada", dispone en un "Bando" digno de Weyler lo siguiente:

ARTICULO 1. Serán totalmente destruidos los Ingenios, incendiadas sus cañas y dependencias de batey y destruidas sus vías férreas. ARTICULO 2. Será considerado traidor a la patria, el obrero que preste la fuerza de sus brazos a esas fábricas de azúcar. Fuente de recursos que debemos negar al enemigo. ARTICULO 3. Todo el que fuese cogido in fraganti [*sic*], o resultase probada su infracción al artículo segundo, será pasado por las armas.[13]

Se debe recordar que estas órdenes son anteriores a la llegada de Weyler a Cuba, con orientaciones parecidas o iguales a las decretadas y sugeridas desde el Ministerio de Ultramar por Cánovas del Castillo.

Nunca se caracterizó Gómez por su generosidad con el enemigo, o con sus propios lugartenientes o con sus tropas. Inició y dio respuesta a la guerra de exterminio con el mismo rigor que cualquier general español. Y no se debe olvidar, como hemos expuesto en el párrafo anterior de que cinco meses después de iniciado el conflicto, cuando comenzó la invasión a occidente, fue el primero en usar preceptos expeditivos y sangrientos contra cualquiera que se opusiera al avance de sus tropas o a sus planes de campaña. Irónicamente, la bala reservada por Cánovas "para acabar la insurrección" nunca dio en el blanco con respecto a Máximo Gómez.

Retornando a la versión de Orestes Ferrara y a la opinión de Gómez sobre Angiolillo, en lo relacionado con el "limite moral", la frase de un guerrero terrible no deja de tener cierto sarcasmo. El mismo Ferrara contempló atónito algunos incidentes en los que participó Gómez y están relatados en su citado libro. Otro ejemplo fue la batalla de Las Tunas, esta vez con Calixto García al mando, que sirve para desmentir ese "límite moral" que menciona Gómez. En lo referente a la declaración de Gómez sobre Angiolillo, coincide con los jueces militares españoles que lo juzgaron. Aquí, como en toda esta recopilación verbal, hay una gran dosis de maniqueísmo, pues para Gómez existen dos formas de fanatismo: el de los guerreros implacables, por supuesto un fanatismo lógico, comprensible y por lo tanto justo, y el de Angiolillo, irrazonable e irracional, por lo tanto, injusto.

Negarle a Angiolillo las ideas de honor, familia, deber y

[13] Máximo Gómez, *Cartas a Francisco Carrillo,* Editorial de Ciencias Sociales, La Habana, 1986, pp. 127-128.

amistad es una opinión característica de un caudillo militar que nunca entendió o quiso entender las ideas sociales, y quien durante la guerra impuso su criterio militar con una innegable efectividad. La humanidad y Cuba, a pesar de lo expresado por Gómez, le deben mucho más a Angiolillo de lo que aquél estimaba, como se podrá comprobar más adelante, y forma parte de una historia que hay que revisar y rescatar. Los razonamientos autoritarios propuestos por Gómez, al principio de la República, influyeron en la política cubana y, por ende, en generaciones de políticos y militares que tomaron el ejemplo de Gómez como modelo para gobernar. El mal persiste hasta nuestros días.

Si los métodos de "la propaganda por el hecho" usados por los anarquistas no eran del agrado de Máximo Gómez, en sus preceptos de cómo tratar a sus enemigos, Valeriano Weyler, por su parte, y todo el Ministerio de la Guerra de la Corona de España, consideraban a los separatistas en armas como insurrectos amotinados y sediciosos, que le hacían a España una guerra "irregular", refiriendóse a la "guerra de guerrillas", con la que los cubanos en la manigua llevaban a cabo sus acciones bélicas. Este tipo de actividad o acción militar no se concebía dentro de los límites establecidos del honor español, y por lo tanto, se procedía al fusilamiento de los prisioneros cubanos, a la eliminación de hospitales de campaña, a la persecusión de paisanos indefensos, así como se cometían otras atrocidades parecidas, normas establecidas para ser cumplidas por cualquier oficial español en campaña, dado que el enemigo estaba compuesto de "traidores", "incendiarios" y "parricidas". Se olvidaban que el conflicto armado en Cuba, al que calificaban como una "guerra civil", tenía su contrapartida en las contiendas promovidas por carlistas, republicanos, monárquicos y liberales, a más de las luchas del pueblo español por mantener su independencia ante la invasión napoleónica, en la que se usaron tácticas parecidas o iguales, por no decir de mayor bestialidad.

A las crueldades que usaban los colonialistas españoles

para mantener la "integridad nacional", los insurrectos respondían con métodos similares. Así comprobamos que en aquella siniestra guerra de 1895, lo cotidiano eran la barbarie y el crimen.

SEIS

Una cuestión de mil francos

"Sin embargo, alma generosa la suya, con un sentido moral verdaderamente extraordinario, Betances vaciló cuando Angiolillo fue a pedirle que le ayudara pecuniariamente a realizar el acto de dar muerte a la Reina Regente de España y a don Antonio Cánovas del Castillo. 'No lo pretendo por los cubanos, que no me importan, sino por los anarquistas de Montjuïch. Pero la causa de las Antillas saldrá beneficiada de la ejecución que pienso hacer'. Y Angiolillo pidió mil francos para ir a España... Impasible, como siempre, Betances le oyó atentamente; en seguida le expuso sus razones que influían en su ánimo para considerar inútil la muerte de la Reina Regente, y terminó reprobando, en términos generales, el asesinato... 'Por si usted vuelve sobre su acuerdo' —díjole Angiolillo—, 'y quiere socorrerme, ahí le dejo a usted las señas para enviarme los mil francos'. Pocos días después los recibió anónimamente, en un sobre del doctor Betances".

Sobre las relaciones entre Angiolillo y Betances existen al menos seis relatos, ninguno de los cuales difiere esencialmente de las crónicas producidas con anterioridad, es decir, todas son iguales en su fondo, no así en su forma. Sin embargo, no ocurre lo mismo cuando estas versiones se refieren a la ayuda económica que según todos los historiadores y escritores, con la excepción del relato de Gabriel Landa, consistió en una cantidad determinada de francos. Dato este que no hubiera tenido mucha importancia histórica si no hubiese sido usado para manchar la memoria de ambos personajes. ¡Betances usando los sagrados fondos de la causa para propiciar un asesinato!, y Angiolillo descrito como una especie de *condottiere* perverso al servicio de una mala causa. Estas opiniones calumniosas, sin base histórica comprobada y sin pruebas de clase alguna, sirvieron para estigmatizar y condenar a Betances y a Angiolillo y, con esta excusa, suprimirlos de la historia oficial. Quedaron sólo como meras referencias. Betances como "un patriota puertorriqueño", y Angiolillo como "el asesino de Cánovas".

Con el recuerdo de Betances se cometió un crimen mayor que con la memoria de Angiolillo. El joven italiano era un personaje oscuro que representaba a los medios más violentos del anarquismo de esa época, y aun cuando actuaba de acuerdo con su conciencia, no representaba una figura importante dentro de las ideas libertarias. El galeno puertorriqueño era la figura más prestigiosa con que contaba el separatismo cubano en Europa. Además, Betances era un hombre con una larga y honesta trayectoria revolucionaria en defensa de la libertad de Las Antillas. La innegable responsabilidad de Betances en el ajusticiamiento de Cánovas del Castillo, casi quedó borrada de los textos históricos de su natal Puerto Rico. En cuanto a los de Cuba, no se pasa de una mención nominal y casi obligada de su actuación en favor de la Independencia en París, y una recopilación de su correspondencia.

Pero no se puede verter el lodo de la ignominia en la evocación de ambos revolucionarios, involucrándolos en un falso traspaso de dineros, como si se tratara de vulgares delincuentes. Sobre todo si no existe ningún tipo de testimonio serio o de pruebas fehacientes y comprobadas de que existió un aporte económico por parte de Betances para liquidar a Cánovas.

En realidad, el vínculo entre ambos hombres ha sido distorsionado, y existen dudas sobre la versión de la "ayuda pecuniaria". Un relato bastante interesante entre estas relaciones nos lo ofrece Paul Estrade en su obra citada y que parece ser el único escritor que en principio tuvo dudas en relación con "los mil francos". Estrade, aunque repite parte de las versiones anteriores a la suya, no parece estar muy convencido del traspaso de dinero, cuando en su obra inquiere si fue Betances, "¿Instigador? ¿Cómplice? ¿O confidente inocente? ...ninguna huella escrita de esta 'ayuda' existe en la contabilidad o la correspondencia del prudente doctor, —cuestión que nada prueba...".[1]

Todo lo contrario, si no existe "ninguna huella" o prueba alguna, ¿cómo se puede acusar a Betances de haberle facilitado a Angiolillo mil francos? Estrade no aporta más conclusiones a sus propias dudas. Es necesario agregar que Betances era un hombre de una honradez prístina, quien se caracterizó durante su misión en París por la justicia al disponer de los fondos revolucionarios, que sumaron muchos cientos de miles de francos que enviaba regularmente a la Junta Revolucionaria de Nueva York. Según el propio Estrade, estas entregas ascendieron a la cantidad de 2,100,000 francos, lo que era una suma considerable para aquellos años. Betances se desesperaba cuando no le acusaban recibo de sus remesas. De este proceder hay suficiente documentación en el libro de Carlos Rama. No es probable que Betances hubiera utilizado mil francos para el ajusticiamiento de Cánovas sin habérselo comunicado a sus superiores y tiempo tuvo para ello.[2]

Carlos Serrano, por su parte, indica en sus notas que Federico Urales en su libro Mi Vida, "confirma el dato, según el cual Betances y Rochefort adelantaron algún dinero a Angiolillo para su viaje a España". La versión de Urales, que residía en Londres por esa fecha, viene directamente de Carlos Malato, anarquista francés y escritor del órgano separatista La República Cubana y de L'Intrasigent, que dirigía Rochefort, ambos al servicio de los separatistas.[3]

No parecen existir dudas de que Malato, en su condición de ácrata, pudo haber conocido y avalado a Angiolillo ante Betances. Hay que recordar que según el propio Betances,

---

[1] Paul Estrade, La colonia cubana de París. Editorial de Ciencias Sociales, La Habana, 1984, p. 115.

[2] Carlos M. Rama, La independencia de Las Antillas y Ramón Emeterio Betances. Instituto de Cultura Puertorriqueña, San Juan, 1980.

[3] Carlos Serrano, Final del Imperio, España 1895-1898. Siglo XXI de España, Edit. S.A. Madrid, 1984, p. 110, nota 44.

Angiolillo le fue presentado por Domenico Tosti. Pero el desconfiado revolucionario quiso comprobar las intenciones de Angiolillo y probablemente Malato le sirvió de intermediario pues ya conocía al joven anarquista desde Londres. Según reporta Malato en sus *Memorias,* escritas en 1937, trató a Angiolillo en París. Pero se puede sospechar que tanto Angiolillo como Betances le informaran a Malato o al propio Rochefort, de sus planes, dada la importancia de éstos.

En cuanto a Henri Rochefort, un personaje demasiado conflictivo en la Francia finisecular y que a pesar de su pasión por la causa de Cuba, no es muy probable que le ofreciera al anarquista italiano ayuda financiera, en el caso de que ésta hubiere sido solicitada por aquél, con el objeto de cometer un magnicidio de las proporciones que Angiolillo contemplaba. Y si bien es cierto que Rocherfort declaró rotundamente que creía en la Ley del Talión, después de la ejecución del Primer Ministro español, es casi imposible aceptar que, con el carácter, la personalidad y las creencias políticas del señor marqués de Rochefort-Lucay, hubiera "socorrido" a Angiolillo. Seguidor entusiasta del general Georges Boulanger, personaje que representaba lo más turbio de la política conservadora y antisemítica de Francia, Rochefort atacó, antes y después del proceso, al capitán Alfred Dreyfus, al que consideraba culpable aun después de haber sido hallado inocente. Serrano, que encontró este oscuro dato, tiene que admitir que esta versión es de tercera mano. Además de no poder explicarnos cómo Urales puede "confirmar" el dato de un tema que el teórico anarquista toca ligeramente en sus memorias.

J. de la Luz León dedica a Betances uno de los pocos libros en que se le rinde tributo al médico puertorriqueño. Ofrece una apología justa de su actuación en París y de sus méritos de patriota. Pero repite la escena entre Betances y Angiolillo con la misma inconsecuencia de autores anteriores y, al final, no pone en duda la supuesta "contribución" de Betances. Luz León es por otra parte el único que reconoce el trabajo de Gabriel

Landa sobre el mismo tema, aunque no parece interpretar correctamente la sobriedad del diplomático cubano.[4]

Orestes Ferrara, con su estilo característico, es mucho más explícito y no sin razón. El tema ofrece motivos para relatar sus relaciones anteriores con Angiolillo en Nápoles, las tribulaciones y confusiones que tuvo que sufrir éste en la manigua cuando se le acercó a Máximo Gómez, por su doble condición de italiano y anarquista, al igual que Angiolillo. Su relato, sin embargo, difiere de las demás versiones, declarando que la suya emana de "informantes... en voz baja como escondiendo un acto vergonzoso y tratando de atenuar la participación del Dr. Betances...". En esta narración, como es su costumbre, no cita las fuentes secretas, ni siquiera 30 años después de los hechos; escribe de memoria y no confía en dato alguno. Pero sobre todo declara que Betances envió "anónimamente" a Angiolillo, "...o sea la suma pedida en la entrevista". Es de notar que Ferrara, inexplicablemente, rebaja la cantidad de francos supuestamente recibidos por Angiolillo a la mitad, o sea a "500 francos".[5]

La versión de Ferrara, con el tono "rocambolesco" propio del autor, está tomada íntegramente, excepto el dato de la suma de francos, de una narración anterior, dada a la estampa por Gabriel Landa en 1938 y que en su época fue muy poco conocida por tratarse de un capítulo del citado libro *Mosaicos*. Ferrara, que produjo su obra en 1941, presto para marcharse definitivamente de Cuba, por haberse atentado contra su vida, copia casi literalmente a Landa y, dadas las circunstancias de que su libro fuera más popular y mejor distribuido que el de Landa, tanto los cronistas cubanos y especialmente los españoles como Fernández Almagro, de la Rosa y de la Cierva, entre otros, citan a Ferrara para "confirmar" el incidente, sin analizar mucho las fuentes. A pesar de que Ferrara estuvo unos días en

[4] J. de la Luz León, *La diplomacia en la manigua*. Edit. Lex, La Habana, 1947. "La gesta de Angiolillo", p. 237

[5] Orestes Ferrara, *Mis relaciones con Máximo Gómez*. Edic. Universal. Miami, 1987, pp. 72-74.

París, no trató a fondo a Betances a quien califica un poco despectivamente en sus *Memorias*. Su información "secreta" procede de fuentes primarias y secundarias como las de Piñeyro y Bonafoux, cuyos trabajos son anteriores al suyo.[6]

Gabriel Landa y Chao, que de adolescente residió en París durante el conflicto cubano, repite la versión oral que su tío Gabriel Landa González le relatara con posterioridad. Landa González, amigo, colega y compañero de estudios del médico puertorriqueño en la Sorbona; residente y participante en París del Comité Cubano, cita como testigos a dos cubanos acaudalados que también residían en dicha ciudad, Miguel Sánchez Toledo y Tirso Mesa. En su obra, Landa nos ofrece un relato original de la relación entre Betances y Angiolillo, que entendemos es el realmente cierto y definitivo, aunque paradójicamente el menos conocido.

En esta historia se usa como narrador al propio Betances, quien se franquea con un grupo de amigos, meses después del magnicidio de Cánovas, detallando sus varias entrevistas con Angiolillo, sus sospechas iniciales y, finalmente, su orientación al ajusticiamiento del jefe del Consejo de Ministros de España. Todo lo cual convierte a Betances, según la versión de Landa, en un "partícipe sicológico". En dicha entrevista, Betances no menciona en ningún momento su "contribución" económica al hecho, en un momento escogido precisamente para hacer confesiones a un grupo de íntimos. En ese mismo relato, Betances, exageradamente, califica a Angiolillo de "santo".[7]

Treinta años antes de lo relatado por Landa, Enrique

---

[6] —, *Una mirada sobre tres siglos, memorias*, Playor S.A. Edit. Madrid, 1975, p. 43. En esta obra, escrita con 30 años de posterioridad a *Mis relaciones...*, Ferrara le reconoce más importancia política a Rochefort que a Betances en París. A este último lo menciona como "el segundo personaje de la cubanidad en Francia" y, a pesar de cierto reconocimiento, describe a Betances como un revolucionario fuera de tiempo y hasta un poco estrafalario.

[7] Gabriel Landa, *Mosaicos*, Edit. Des Derniéres Nouvelles de Colmar, France 1938, pp. 15-21. Ver una reproducción del texto en *Gúangara Libertaria* No. 44. Otoño, 1990. "Betances, Cánovas y Angiolillo", pp. 10-11.

Piñeyro imprime su ensayo histórico y se refiere a la segunda versión de la entrevista y los dineros. Lamentablemente, este cronista no aporta ningún dato y se atiene a la narración hecha por Bonafoux en 1901, a quien cita como fuente de información. Hay un reproche sin embargo contra la figura del médico puertorriqueño: "Sin consultar con nadie, [Betances] después de una lucha consigo mismo, de los fondos cubanos en su poder...". De acuerdo con Piñeyro, Angiolillo recibe la suma "anónimamente en un sobre del Dr. Betances".[8]

No entendemos cómo Piñeyro, al citar a Luis Bonafoux, no se haya dado cuenta de la incongruencia de dicha versión. ¿Cómo se puede recibir una cantidad de francos "anónimamente" en un sobre del doctor Betances? Piñeyro conoció a Betances e irónicamente contribuyó a la causa de la Independencia con la cantidad de mil francos cuando residía en París. ¿No será que Piñeyro se haya ofendido al coincidir su donación de fondos con la cantidad que aparentemente recibió Angiolillo? Lo lamentable es que Piñeyro especule sin pruebas sobre la honorabilidad de juicio de un hombre que está por encima de la opinión que sobre su persona pueda tener el escritor cubano. La versión de Piñeyro es por lo tanto otra copia, esta vez del original. A esa nota primaria nos remite su autor.

Todos los caminos parecen conducirnos a la fuente original, que es la del escritor Luis Bonafoux, en el párrafo que reproducimos en su totalidad al principio del capítulo. Esta pequeña narración, con la excepción del relato de Landa, es la que todos los autores citan como el modelo verídico y el origen verdadero de la supuesta entrega de los mil francos hecha por Betances para "socorrer" a Angiolillo. La cantidad de mil francos en 1897, sin tratarse de ser exagerada, representaba una suma apreciable. Un obrero francés ganaba menos de cien francos mensualmente (el cambio a finales de siglo con respecto al dólar era de 5 francos por 1 dólar). Angiolillo, que

---

[8] Enrique Piñeyro, *Como acabó la dominación de España en América*, Garnier Hnos. Edit. París. 1908, pp. 140-141.

marchaba a la muerte, tenía conciencia de que era un viaje sin regreso. Pocos fondos le urgían para un pasaje de tercera por tren París-San Sebastián y de allí a Santa Águeda. Los gastos de viaje eran de ida solamente y, en cuanto a la estancia en el hotel del balnerario, la cuenta nunca fue abonada.

Está fuera de toda consideración que, el haber tenido Angiolillo en su poder una cantidad importante de dinero, al ser hecho preso, este detalle se hubiese divulgado por todos los medios de información de Europa y las autoridades hubieran investigado otras posibilidades, buscado cómplices e indagado diferentes motivos a los expresados por Angiolillo. En realidad el anarquista italiano no necesitaba de mucho dinero para la ejecución de sus propósitos, ni "socorro" de parte de nadie. La bastaba un revólver y la determinación guiada por sus ideas de justicia. Por otra parte, debemos ser cuidadosos y analizar lo escrito por Bonafoux, antes de aceptar como válida su versión de los mil francos y si su explicación es original o proviene de otra fuente histórica autorizada.

Luis Bonafoux y Quintero había nacido cerca de Burdeos en 1865. De niño fue llevado por sus padres a Puerto Rico donde se educó y estudió leyes. Más tarde se trasladó a España donde comenzó su carrera literaria. A finales del siglo residía en París ejerciendo su oficio como corresponsal del *Heraldo de Madrid,* de franca orientación autonomista. Sin duda Bonafoux era un escritor de talento e imaginación que se había destacado en el campo literario por sus cuentos y relatos en los que no faltan la chispa irónica o el tono agrio. Influenciado por Emilio Zola, escribió algunos trabajos interesantes y ha sido recogido en varias antologías de cuentos humorísticos. Políticamente, Bonafoux era de tendencia autonomista, a pesar de sus relaciones con Betances, o, quizás por esto mismo, mantuvo siempre una posición españolizante y nunca simpatizó con la causa separatista.

A finales de 1895, Calixto García, el patriota cubano que residía en Madrid bajo custodia y vigilancia de las autoridades, después del fracaso del intento separatista de 1883, decide incorporarse a la guerra de Independencia y logra escapar a

Francia. Su llegada a París es conocida en España por un telegrama que le envía Bonafoux al *Heraldo de Madrid*. Había sido enterado de la noticia por un amigo, Mariano Abril, joven puertorriqueño, simpatizante del separatismo y relacionado con el doctor Betances. Bonafoux entonces, usando como contacto a Abril, insiste en hacerle una entrevista a García. Abril se comunica con el patriota y éste le expone sus reservas, "Yo admiro a Bonafoux como escritor; leo con agrado lo que escribe; ...pero me repugna su pluma al servicio de su país". García, no obstante, siente curiosidad por conocer a Bonafoux y condiciona el reportaje a la aprobación del Delegado. "...nosotros en París estamos bajo la dirección y los consejos de Betances. Y no puedo celebrar esa *interview* si Betances no la autoriza".

Abril se dirige entonces al patriota puertorriqueño para tratar de obtener la aprobación de éste y

> Apenas le pronuncié el nombre de Bonafoux dio un salto en el asiento... se alteró de tal modo que ante mí, apareció un Betances irrascible [*sic*] y malhumorado. —Yo no autorizo eso, me dijo con voz alterada, Bonafoux es un canalla—. Nos espía aquí en París para atacarnos en el *Heraldo*. A mí me ha ridiculizado varias veces...[9]

Ante la rotunda negativa de Betances, Abril recurre al auxilio de Bautista Ventura, Don Bau, coterráneo, amigo cercano y confidente del médico, que ejercía gran influencia sobre el revolucionario. Don Bau le explica a éste lo beneficioso que podría ser para Calixto García la oportunidad de usar la prensa madrileña para desmentir las calumnias y las injurias vertidas contra él en España. Betances reflexiona y accede a la entrevista.

Se produce la reunión, en la cual participa Betances, y todos parecen satisfechos con sus resultados. Bonafoux escribe una crónica favorable a Calixto García y la aprobación es general. Las relaciones posteriores entre Betances y Bonafoux son

---

[9] Ana Súarez Díaz, *Obras del Doctor Ramón Emeterio Betances. II Epistolario.* "Betances y Bonafoux" (Recuerdos) Apéndice C. Edit. Huracán Inc. Río Piedras, 1978, p. 120.

aparentemente cordiales, a pesar de las diferencias políticas entre ambos personajes. Abril lo refiere en su relato como una "amistad sincera" y termina diciendo que Bonafoux se convirtió en "confidente y albacea" de Betances, todo lo cual, como se comprobará más adelante, es incierto.[10]

Conocido el temperamento de Betances, el final del relato de Abril no se ajusta exactamente a la verdad, con el valor anecdótico que se le quiera dar. Viejo revolucionario, al estilo de carbonarios y masones de mediados del siglo pasado, el militante revolucionario no se fiaba de nadie, dadas las peculiares funciones de su misión, casi todas de naturaleza conspirativa. Vigilado y perseguido por sus actividades revolucionarias en París, Betances se movía en un círculo privado de antiguos amigos con los cuales sólo en algunas ocasiones se permitía confidencias. Así se explican sus dudas iniciales sobre las verdaderas intenciones de Angiolillo, sus sospechas de que aquel joven italiano fuera un agente provocador al servicio de España. Fue precisamente éste el motivo de que Betances celebrara varias reuniones con el anarquista y hasta no estar totalmente seguro de sus propósitos, y viniera avalado por algún otro libertario italiano o por Malato, no se decidió a orientarlo en dirección a su destino. Basados en esta experiencia, con relación a Angiolillo, hay elementos de juicio para dudar de que el desconfiado doctor haya "intimado" con Bonafoux a posteriori, cuando unos meses antes lo había considerado como un "canalla" y un "espía" al servicio de España.

Escritos en 1920, los recuerdos de Abril confunden las relaciones entre ambas figuras, al referirse a Bonafoux como "confidente y albacea" de Betances. En su testamento, escrito y firmado el 8 de agosto de 1898, un año exacto después del ajusticiamiento de Cánovas del Castillo, Betances resuelve:

> Las disposiciones testamentarias mías que pido a mi amigo José Silva; antes de cumplir y hacer ejecutar... mis manuscritos

---

[10] *Ibid.,* p. 121.

guardados... —entregados al señor Silva. ...Pido que se envíe a
Estrada Palma el paquete conteniendo los bonos cubanos y el
dinero que el señor Silva recibirá...[11]

Como se puede comprobar por el testamento de Betances,
Bonafoux no aparece por ninguna parte y mucho menos como
"albacea". Si después de la muerte del Delegado, otras manos
intervinieron como "albaceas literarios", eso sería motivo de
otra crónica, pues parece haber indicios de esto último. Hay
que reconocer, no obstante, que Bonafoux sentía una gran
admiración por Betances. Muerto éste, Bonafoux hizo una
admirable crónica de su trabajo y fue el primero que trató de
reivindicar la memoria del viejo patriota en una corta biografía
publicada en 1901. Todo esto a pesar de las exageraciones
propias de un periodista que escribía excelentes novelas.

Debemos considerar además otro dato que aclara aún más las
relaciones entre Betances y Bonafoux. Al retornar los liberales
españoles al poder, el 4 de octubre de 1897, el anciano Práxedes
Mateo Sagasta como jefe del Gobierno, en su primer Consejo de
Ministros el día 6, releva a Weyler de su mando en Cuba y le
promete a la Isla una administración autónoma. La medida tuvo
trascendencia histórica, como se comprobará más adelante. El
nuevo ministro de Estado, Pío Gullón, por indicaciones directas
del ministro de Ultramar, Segismundo Moret, comisiona a José
Canalejas, ex ministro y político liberal, para una misión
diplomática muy delicada. Canalejas deberá iniciar un periplo
de entrevistas con los elementos del autonomismo y del
separatismo cubano fuera y dentro de Cuba, con el objeto de
tantear y persuadir a éstos de las ventajas de la autonomía.
Visitará París, Londres y Nueva York, finalizando su misión en

---

[11] Félix Ojeda Reyes, *La manigua en París, Correspondencia diplomática de Betances*,
"Testamento del Dr. R. E. Betances" Edit. Corripio, Santo Domingo, 1984, pp.
154-155. Tomado de *La Democracia*, San Juan, 25 de nov. 1925. José T. Silva era
un adinerado banquero puertorriqueño que residía en París por esos años. A
pesar de sus ideas autonomistas, Betances, que era el médico de su familia, le
confía el hacer "cumplir y ejecutar" su última voluntad.

La Habana y regresando a Madrid. Contará con el apoyo de los autonomistas, muchos de ellos en el extranjero, que para principios de 1898 serán el nuevo gobierno en la Isla.

La casi forzada entrevista, que se produce en París a mediados de octubre entre Betances y Canalejas resulta un fracaso para los planes españoles. El Delegado acepta de mala gana la reunión, presionado por los elementos autonomistas residentes en Francia y por el Gobierno francés. Los autonomistas emigrados en Europa, contribuyentes a la causa separatista cubana, interesados en que los insurrectos les respetasen sus propiedades y sus cosechas azucareras, ven en la paz, dictada desde Madrid, el fin de sus problemas mercantiles y económicos. Estos elementos adinerados, aliados al Partido Liberal, desempeñaron un papel importante en estas intrigas y otras por venir. Betances, con la dignidad que lo distinguía, rechaza de plano las sugerencias de Canalejas y declara que, "...no se podía entrar en tratos sino sobre las bases de la independencia".[12]

De todo este proceso diplomático Betances informa a Estrada Palma en Nueva York y le previene sobre la visita de Canalejas. El 17 de diciembre, comprobado el fracaso de la gestión de Canalejas sobre los separatistas, Bonafoux, que nunca negó sus simpatías por el autonomismo, escribe desde Madrid un artículo para *El Progreso* sobre la conferencia entre Betances y Canalejas, opinando que "no fue buscada por ninguna parte en litigio", una versión incorrecta por parte de Bonafoux. En esta oportunidad, Betances escribe una carta a Enrique José Varona, por aquellos años director del órgano separatista *Patria* de Nueva York, y con ánimo de que se haga pública su misiva, expone:

> Esta declaración [la escrita por Bonafoux] puede convenirle al señor Canalejas y Méndez, pero a mí no me conviene más

[12] *Ibid.*, "Epistolario Betanciano", Carta a Tómas Estrada Palma, 22 de octubre de 1897, pp. 141-142. En este informe Betances se refiere a Canalejas despectivamente, citando a Martos, como "canallejas". Se trata de un documento esclarecedor de las intenciones del gobierno español y la actitud de los autonomistas.

que la verdad bien exacta... la conferencia fue solicitada por el señor Canalejas y Méndez... yo no he tenido jamás el menor deseo de ver al señor Canalejas y Méndez ni a ningún otro de esos caballeros. Conste así como rectificación.[13]

En la versión original de Bonafoux sobre la entrevista entre Angiolillo y Betances, publicada en su libro, *Betances*, después de la muerte de éste, se recoge parte de la correspondencia del revolucionario, mezclada caprichosamente con las opiniones del autor y alguna que otra anécdota interesante de la vida del médico, como homenaje a su memoria. Bonafoux comienza describiendo cómo Angiolillo se le presenta a Betances pidiéndole ayuda monetaria para "realizar el acto de dar muerte a la Reina Regente y a don Antonio Cánovas del Castillo". Según esta versión, Angiolillo tenía planeado cometer dos magnicidios, hecho harto improbable, dadas la circunstancias de lo peligroso de su misión. Se sabe que ambos revolucionarios se entrevistaron en varias ocasiones y éste no es el escenario que nos presenta Bonafoux. Más adelante, según la versión del periodista, Betances después de oír con atención al anarquista, se niega por considerar "inútil la muerte de la Reina Regente" y repudia lo que él considera un asesinato contra María Cristina. Con respecto a Cánovas, Bonafoux nada nos dice, sólo unos puntos suspensivos... Angiolillo entonces insiste por segunda vez en el aporte de "mil francos", después de declarar: "Por si usted vuelve sobre su acuerdo". Aquí debemos preguntarnos, ¿a qué acuerdo han llegado estos dos hombres que en apariencias, y según lo expuesto, se conocen por primera vez?

Finalmente hay que poner en tela de juicio la versión altamente improbable de la respuesta afirmativa de Betances, quien "pocos días después" decide "socorrer" y le envía "mil francos, anónimamente" a las "señas" indicadas por el ácrata. Según este relato, Betances meditó el magnicidio propuesto por un personaje al que no conocía, que pedía casi de limosna "mil

---

[13] *Ibid.* "Carta al Señor Director de *Patria*", del 23 de diciembre de 1897. Hecha pública en dicho periódico de Nueva York el 8 de enero de 1898.

francos" por su gestión beneficiadora y, días después, se decide a ayudar al anarquista italiano en su trabajo. Ya hemos discutido anteriormente el supuesto envío de mil francos de forma anónima pero queda una pregunta. ¿Quién fue el mensajero que llevó a "las señas" el dinero pedido? La narración del incidente es confusa y no entra en detalles, lo cual nos hace sospechar que se trata de una invención dramática o una narración interesante de Bonafoux y no un hecho real del que no existe hasta este momento ninguna prueba o fuente histórica que respalde y compruebe la crónica de Bonafoux.[14]

Quizás con la idea generosa de recordar a Betances, Bonafoux de buena fe y sin proponérselo dejó sentadas las bases para que los que en el futuro tocaran el tema se confundieran o se engañaran, creando una trama irreal. Bonafoux nos relata algo cierto cuando nos dice que Betances reprueba la muerte violenta de María Cristina, pero el resto de la versión, mientras no se pruebe lo contrario, es totalmente falsa. Los escritores que han tocado el tema se remiten a esta historia como válida y con esta conducta confundieron con buenas o malas intenciones las relaciones entre ambos personajes, mezclándolas con la calumnia y la falta de interpretación correcta. Se debe reconocer por otra parte que, debido al misterio que lógicamente rodeaba la etapa preliminar del magnicidio, les resultó muy difícil a los cronistas de la época obtener datos con precisión. No les quedó otro remedio que tratar de imaginarse el escenario y la trama del magnicidio en Santa Águeda.

A fuerza de repetir un incidente improbable, o una franca mentira, del que no existen más fuentes que la dudosa y reducida versión de Bonafoux, en relación con los mil francos, sin considerar ni tener en cuenta la versión poco conocida de Gabriel

---

[14] Luis Bonafoux, *Betances*, Imprenta Modelo, Barcelona, 1901, p. 22 (en el original). Tomado de la versión del Instituto de Cultura Puertorriqueña, San Juan, 1970. Prólogo, p. xx. La palabra "socorrerme" está en cursivas en el original. Versión completa reproducida en el encabezamiento de este capítulo.

Landa, que es mucho más completa, coherente, creíble y que no menciona ningún tipo de traspaso de francos, que como hemos explicado antes eran demasiados e innecesarios, cronistas e historiadores han entretejido una leyenda totalmente falsa acerca de ambos revolucionarios, causándoles un daño irreparable. Tanto Ramón Emeterio Betances como Michele Angiolillo han sido, cuando no enterrados, ignorados o distorsionados por quienes han presentado las historias de Cuba, Puerto Rico y España.

SIETE

Betances de perfil

Era el último día de su vida. Había decidido quitarse la vida lentamente y se negaba a probar alimentos y medicinas. Su depresión era enorme y como médico sabía que el final se acercaba. En su dolor, sentía el vencimiento y la humillación. Sus achaques hacían crisis en su sempiterno carácter sereno. Se tornaba irritable. Aquel hombre que luchara con tanto ahínco por la causa de la independencia, sacrificándolo todo en aras de un ideal redentor, compredió al final que todo se perdía. Ya no quería seguir viviendo. Acompañaría en su largo y misterioso viaje a los dos protagonistas del drama de Santa Águeda. "Cánovas cayó bajo los golpes de Angiolillo quien a fin de cuentas asesinaba a un hombre, mientras que su víctima asesinaba a un pueblo... Los cubanos nunca entenderán mis razones y sepultarán mi memoria con mis cenizas. Y todos seremos yanquis, no me queda la menor duda... Cuba y Puerto Rico han quedado abandonadas al destino norteamericano." El doctor Betances expiró en su casa de Neuilly el viernes 16 de septiembre de 1898, después de haberle dedicado más de medio siglo de su vida a defender la libertad, un trabajo difícil y glorioso para alcanzar la independencia de Cuba y Puerto Rico.

El testamento de Ramón Emeterio Betances y Alacán había sido escrito 29 días antes de su muerte, exactamente un año después del ajusticiamiento de Cánovas del Castillo a manos de Angiolillo, el viernes 8 de agosto de 1898. Mucho afectaron a Betances las diferentes polémicas sostenidas a principios de ese año con los cubanos residentes en París, debido a la crisis creada por las maniobras autonomistas, los liberales españoles y los separatistas cubanos de Nueva York. Además, el desenlace de la guerra entre EE.UU. y España agravaron sus males. A causa de su avanzada edad, el médico puertorriqueño, al ver acercase el final, declara su última voluntad.

Dispone de los escasos medios económicos que posee, decide que su cadáver sea cremado y:

> 'Quiero que mi entierro sea liso, llano, sin pompas de ninguna clase. Cuando llegue el anhelado día, —si mis restos son llevados a mi querido Puerto Rico; pido que vayan envueltos en la sagrada bandera de la patria mía'.[1]

Betances nace en Cabo Rojo, Puerto Rico, el 8 de abril de 1827. Se traslada a Francia dónde después de terminar sus estudios secundarios decide ingresar en la Facultad de Medicina de la Sorbona de París, se gradúa de doctor en medicina en 1855. Retorna a Puerto Rico y ejerce su carrera en Mayagüez en 1856. Es expulsado de la Isla en tres ocasiones por las autoridades españolas debido a sus ideas antiesclavistas y separatistas. Su exilio comienza en 1867 y nunca regresa a Puerto Rico. Vive 31 años de destierro. En septiembre de 1868 organiza el primer intento armado contra España en Puerto Rico, el "Grito de Lares", que fracasa lamentablemente. Su lucha desde entonces es paralela y solidaria a la de los cubanos en la Guerra de los Diez Años, quienes también luchan por su independencia.

El doctor Betances se traslada de nuevo a París en 1873 y desde allí se pone al servicio de la causa de los cubanos hasta el fin de la guerra en 1878. En el interregno de paz impuesto entre las dos guerras cubanas, que se extiende desde 1878 al comienzo del conflicto que se inicia en 1895, Betances se dedica a ejercer con éxito su carrera de médico, obteniendo con su talento una importante clientela. Durante ese período que precede a la guerra de 1895, publica una interesante obra científica sobre temas como el aborto, la osqueotomía, la uretomía, la tuberculosis y el cólera, que le gana la admiracion de sus colegas.

En 1883 el doctor Betances es nombrado Secretario de la

---

[1] Félix Ojeda Reyes, *La manigua en París: Correspondencia diplomática de Betances*, "Testamento del Dr. R. E. Betances". Edit. Corripio, Santo Domingo, 1984, pp. 154-155.

Legación de la República Dominicana en París, y en 1887 la República de Francia le concede la Cruz de Caballero de la Legión de Honor. Escribe artículos políticos en la prensa francesa de mayor renombre y hace literatura en forma de cuentos y poemas. Publica en 1890 un tratado investigativo sobre el cólera, que tiene gran aceptación en los medios científicos de París y en ese año es nombrado miembro de la Academia Francesa de Ciencias. Tiene en París, a principios de la última década del siglo, renombre como médico, cómoda posición, el respeto de sus colegas, además de una práctica profesional muy estimada y reconocida.

Pero la nueva rebelión de los cubanos hace cambiar el rumbo de una vida reposada y agradable. Betances, hombre honorable, decide renunciar a su posición relevante y encumbrada, para luchar y sufrir por la causa separatista de Cuba y Puerto Rico. Por pertenecer a la masonería frecuenta las tertulias revolucionarias, y políticamente mantiene su ideario separatista con una inquietud juvenil. A Betances se le ha querido situar en el campo socialista de una forma bastante caprichosa por escritores como Ojeda Reyes, que lo afilian dentro de las ideas de Blanqui. Por sus innegables relaciones con los anarquistas, todo lo cual hemos expuesto, desde Charles Malato a Domenico Tosti y desde Michele Angiolillo hasta Tarrida del Mármol, además de su afinidad por los métodos anarquistas, se podría escribir alegremente que el galeno puertorriqueño sentía una proclividad innata hacía las ideas ácratas. Esto, por supuesto, sería tan incierto como que Betances era un blanquista. Se trataba en realidad de un rebelde, más cerca del corte carbonario de Giuseppe Garibaldi o Benito Juárez, que del discurso anarquista de Mijail Bakunín o Errico Malatesta. Ello no le impedía asociarse con los anarquistas y solicitar su apoyo para la causa que tan dignamente representaba.

Ya en 1895 se encuentra involucrado con la causa cubana cuando Tomás Estrada Palma, el Delegado cubano de la insurrección en el exterior, lo nombra como Representante Diplomático de la República Cubana en París. Por sus contactos en la capital de Francia, el Gobierno francés le otorga en 1897 el título de Agente General en Francia, una representación diplomática de menor importancia, pero poco común en la diplomacia europea de esos años.

Betances es también el Presidente del Comité Cubano de París. Toda esta resposabilidad le hace abandonar su vida normal y lo obliga a transitar, con una avanzada edad, por los vericuetos del trabajo propagandístico, la organización política, la gestión diplomática y la colecta de fondos en favor de la independencia de Cuba y Puerto Rico. Labor que desempeña en un mundo de ingratitudes y miserias, colmado de intrigas y decepciones.

El trabajo de Betances se extiende por toda Europa durante más de tres años. Su constancia, dedicación y objetivos no se pueden comparar siquiera con la Junta Revolucionaria de Nueva York, sus superiores jerárquicos. La mayor parte de las veces la situación del galeno puertorriqueño rozaba con el peligro de estar muy cerca de España y muy lejos de la manigua. La Junta de Nueva York, en cambio, tenía o se había ganado una actitud de neutralidad o a veces de franca simpatía con el gobierno de EE.UU. en su lucha contra España, por diferentes e interesantes motivos. El Comité Cubano de París tenía la amarga y difícil gestión de defender la causa cubana en un continente que, por razones de amistad y solidaridad colonialista, estaba abiertamente en favor de España. En el caso específico de Francia, su cooperación con el gobierno español era más bien de orden ecónomico.

Dentro del trabajo orgánico, Betances se gana la confianza de los anarquistas franceses e inicia una colaboración con éstos, los cuales participan más activamente en la lucha anticolonialista que tiene como escenario a Cuba. Según relata Godínez Sosa, Betances se halla "Vinculado con socialistas y anarquistas" y más adelante cita el caso de Tarrida del Mármol, con quien "mantiene una activa correspondencia... que se encuentra en Inglaterra y a quien envía materiales sobre la situación de los presos cubanos en Ceuta, para que trabaje en la denuncia de los crímenes españoles". Tarrida del Mármol colabora, lo mismo que Betances, con su fina prosa en la *Revista de Cayo Hueso*, órgano del separatismo cubano en La Florida, con un artículo, el 18 de julio de 1897. Como se puede apreciar la relación de Tarrida y Betances es bien cercana.[2]

Pero además de lograr el interés y la cooperación para la causa cubana de los libertarios franceses y algunas mentes lúcidas en la propia España, la solidaridad de Francisco Federico Falco en Italia es una de las más notables. Ferrara nos relata en sus memorias sus primeros contactos en Italia, para unirse a la rebelión cubana. Entusiasmado con la idea de participar en dicha guerra, se reúne en una "misteriosa" entrevista en un café de Roma con este elusivo personaje. En compañía de Guillermo Petriccione, su camarada de aventuras, logra después de varias peripecias, conocer a "un joven de unos veintiocho años, de grandes ojos negros, un poco malhumorado, que se llamaba Francisco Federico Falco...". Este nuevo personaje es descrito por Ferrara como "un joven doctor en medicina" y que recién graduado de la Universidad, "...se había erigido en jefe supremo de la revolución cubana en Italia".[3]

El doctor Falco era en realidad solamente el Secretario del Comité Italiano de Ayuda a Cuba, organismo fundado en Roma el 6 de abril de 1896 y que era presidido por el profesor universitario Juan Bovio. Este Comité fue en todo momento solidario de la causa cubana y realizó una campaña de "guerra política" de incalculables y valiosas consecuencias en Italia. Su gestión fue recogida por Fernando Ortiz en un libro poco conocido. La relación establecida entre Betances y Falco fue por la mediación de Amílcar Cipriani, anarquista refugiado en París y colaborador junto con Malato en *L'Intrasiegeant* de Rochefort. Falco además conocía a Saverio Merlino, compañero de ideas de Ciprani. Se establece entonces una relación más directa

---

[2] Emilio Godínez Sosa, *Cuba en Betances*, Introducción. Editorial de Ciencias Sociales. La Habana, 1985. p. 32.

[3] Orestes Ferrara, *Una mirada sobre tres siglos*. Memorias. Playor S.A. Madrid. 1976, pp. 31-32.

entre Betances y Falco de tipo epistolar que demuestra hasta qué punto el anarquista italiano se comprometió con su colega de París en la causa de la libertad.[4]

De la proximidad fraternal entre estos dos hombres existe una copiosa e interesante documentación, que explica la extraordinaria labor de Falco dentro de Italia. Este Comité italiano celebró asambleas, recaudó fondos, organizó actos, hasta logró el reconocimiento del gobierno italiano y la simpatía de su pueblo en favor de la independencia de Cuba. Falco entonces le propone a Betances el envío de una expedición armada con mil voluntarios italianos para combatir en Cuba. Betances le informa el plan a la Junta Revolucionaria en Nueva York, pero, como era de suponer, Estrada Palma vetó la proposición del Comité italiano indicando problemas de "aclimatación".[5]

Esta colaboración que logra Betances de parte de los anarquistas no fue del agrado de los elementos conservadores dentro de la Colonia Cubana de París, en la que se encontraban algunos de los hombres más ricos de Cuba, y a quienes Betances recababa su aportación económica a la causa separatista. La relación cercana a los libertarios europeos le creó al médico boricua una actitud de desconfianza y resquemor por parte de estos "patriotas", quienes notaban espantados las actividades ácratas dentro del movimiento separatista y temían —no sin falta de razón— por sus influencias en el futuro de la Isla.

Por otra parte, la tolerancia con estos u otros elementos "revolucionarios" no se encontraba en las agendas y planes de estos caballeros y como era natural la "concupiscencia" de Betances con estos elementos "bohemios" no les resultaba nada agradable.

La situación de Betances después del ajusticiamiento de Cánovas hizo crisis. Aunque Angiolillo había sido ejecutado sin decir una palabra o identificar colaboradores, e inclusive

---

[4] Godínez Sosa, *op. cit.* "El delegado del Partido Revolucionario Cubano en París" (1895–1898), pp. 365, 367-68, 372, 378, 380, 387 y 412. Fuente: Fernando Ortiz, *Las simpatías de Italia por los mambises cubanos.* Marsella, 1905.

[5] Ojeda Reyes, *op. cit.*, pp. 135-136.

declaró que procedía de Inglaterra y no de Francia, las sospechas sobre Betances se agudizaron y el espionaje español en París se recrudeció. Betances se convirtió en un enemigo peligroso para el gobierno español y la Embajada de España, por órdenes de su embajador, F. León y Castillo, presiona al gobierno francés y pide la expulsión del patriota puertorriqueño. Paradójicamente, fue precisamente por su notoriedad que el nuevo gobierno liberal de Sagasta, que sucede al de Azcárraga, armado con nuevas promesas reformistas para Cuba, se dirige por mediación de Canalejas a Betances en París, en una entrevista con el objeto de lograr de parte de este último su aprobación para el futuro gobierno autónomo que se le concederá a Cuba. Betances, como hemos explicado en el capítulo anterior, repudia la idea de los liberales, conducta que le crea una situación crítica dentro del Comité de París. Los elementos adinerados que pertenecen al citado Comité, y están a favor de la terminación del conflicto, ante la ruina en que se encuentra la Isla, intensifican una campaña sorda contra Betances, enviando cartas a Estrada Palma, con quejas y reproches.

El cierre del semanario separatista *La República Cubana* por falta de fondos le es atribuido a Betances, quien se niega a dar fondos para dicha publicación. La realidad era que en aquellos momentos el Comité de París estaba cercano a la bancarrota. Los fondos recaudados en 1897 fueron, según Estrade, inferiores al año anterior. Desde agosto a diciembre de 1896 se habían colectado más de 39,000 francos y en el mismo periodo de 1897 sumaron solamente 13,000 francos, menos de la mitad. Betances y todo el Comité ya se encontraba en apuros financieros cuando la proposición autonomista constituía una amenaza real para los patriotas, debido a las intrigas de los cubanos acaudalados en favor de la solución de Sagasta. Esto, además de la disolución del Comité Francés, fueron dos duros golpes para el viejo luchador. Los cubanos que dependían para vivir de los fondos de la publicación *La República Cubana*, entre ellos Vicente Mestre Amábile, iniciaron un ataque injusto contra Betances que culmina en un "grotesco y lamentable episodio" epistolar entre Betances y Mestre Amábile. [6]

Esta última disputa deja a Betances completamente exhausto, aunque todavía a principios de mayo le quedan energías para comunicar a Estrada Palma sus ideas y desmentir el infundio de Sagasta sobre "las negociaciones". Su correspondencia refleja la honda amargura de su ánimo.

> Necesito pues instrucciones i[sic] de vez en cuando un telegrama, que le haga conocer al público que *laboramos* en perfecta unión. La independencia de Cuba sin la de Puerto Rico sería incompleta i[sic] creo que en Washington están convencidos de esta verdad.

Betances se equivocaba lamentablemente en su criterio con respecto a las intenciones estadounidenses. Más adelante le comunica a Estrada Palma su próxima cita con el Embajador norteamericano en París y se lamenta de la interrupción en el trabajo del Directorio de Puerto Rico en Nueva York, dirigido por el doctor Henna.

El final de esta carta fechada el 6 de mayo de 1898 es de tono condenatorio para aquellos

> ...que se atreven hasta de acusarme de vivir de la revolución, sin pensar que yo vivía antes mejor que ahora, sin ella... son disgustos que tiene uno que soportar hasta el fin de la jornada, como los soportó Martí... pero no deja de ser triste esta conducta de los que se creen los únicos patriotas.[7]

Como se aprecia, Betances condena a sus críticos y no le falta razón cuando comenta que económicamente le hubiera ido mejor si no hubiera aceptado la responsabilidad de ser el representante de la causa separatista.

En esos mismos días, Sagasta en Madrid, cercado entre

[6] Paul Estrade, *La colonia cubana de París, 1895-1898*. Editorial de Ciencias Sociales. La Habana, 1984, p. 168. Para la polémica entre Betances y Mestre Amábile, ver Capítulo XIV, p. 155.

[7] Ojeda Reyes, *op. cit.*, p. 151. La palabra "laboramos" está subrayada en esa edición.

amigos y enemigos, perdida la batalla naval de Cavite en las lejanas Filipinas, y en medio de una crisis a nivel nacional, prepara una maniobra desesperada. Se produce un cambio de gabinete el 15 de mayo con el lema de "Un gobierno para la guerra", y Segismundo Moret renuncia al cargo de Ministro de Ultramar siendo sustituido por V. Romero Girón. El entonces embajador en París, F. León y Castillo, enemigo jurado del doctor Betances, es propuesto para un cargo en el nuevo gabinete, con la cartera de Estado. León y Castilla "puso sus objeciones para dejar París" y como este reparo se hizo en secreto, Sagasta aprovechó la oportunidad para "engañar a la opinión pública", haciendo circular rumores en París de que se estaba negociando un acuerdo con los separatistas.

De estas habladurías se hizo eco el periódico *Le Temps* en un artículo publicado el 25 de mayo titulado *"Les États-Unis et l'Espagne"*. Esta noticia procedente de España, fue desmentida al día siguiente en una entrevista que le concedió Betances a Macel Huttin, del tabloide *Le Gaulois*, el 26 de mayo, bajo el título de *"Le plan des insurgés cubains. Chez le docteur Betances"*, y por el cual, "Recordó lo que había dicho a Canalejas. La base de la negociación era la independencia de Cuba".[8]

Tres escasos meses más tarde, en agosto, se firmaba en Washington el Protocolo de Paz entre España y EE.UU. A pesar del hecho de la intervención activa del Gobierno francés en este acuerdo, ni España ni el Gobierno estadounidense reconocieron a Betances ni a ninguna representación de la República de Cuba en Armas. Esta decisión fue sin duda el último golpe que le propinó el destino al ilustre patriota.

Después de firmado este acuerdo de paz en Washington, el 12 de agosto de 1898 y dadas las condiciones del tratado con respecto a las Antillas, Betances pierde todas las esperanzas y decide apurar su muerte, la que se produce el 16 de septiembre,

[8] Cristóbal Robles Muñoz, *1898: Diplomacia y Opinión*, Consejo Superior de Investigaciones Científicas, Biblioteca de la Historia. Madrid, 1991, pp. 153 y 162. Notas 90 y 91.

tras una "larga y cruel agonía". Con su desaparición quedaron canceladas las ilusiones de un pueblo que fueron parte de su misma prolongada y tormentosa vida.

La pasión de un hombre decepcionado y frustrado en un empeño independentista antillano de toda una larga trayectoria, estaba cargada por un dinamismo superior a sus fuerzas físicas. Además de su importante colaboración desde París durante la Guerra de los Diez Años (1868–1878), su actividad en favor de la causa cubana no se detuvo. Y es así que, al finalizar el segundo conflicto armado por la independencia, la llamada Guerra Chiquita, nos encontramos a Betances al servicio de los presos políticos cubanos deportados en los infernales presidios africanos de Ceuta y Chafarinas. El caso de José Maceo es bien explícito. Habiendo pactado con los militares españoles su salida de Cuba al final de la mencionada guerra, el día 3 de junio de 1880 "cumpliendo órdenes reservadas del general Camilo Polavieja", es hecho prisionero en forma traicionera por tropas españolas en un barco inglés con rumbo a Jamaica. José Maceo y toda su familia son trasladados a las islas Chafarinas desde donde fue enviado a Ceuta después de un cautiverio deplorable, en el que sucumbieron muchos de sus compañeros. Maceo, ayudado por un grupo de separatistas cubanos residentes en Cádiz, logra escapar por barco a Tánger y de allí se traslada a Gibraltar el 20 de agosto de 1882.

José Rogelio Castillo y Celedonio Rodríguez, compañeros de esta escapada singular de José Maceo, son entregados por las autoridades inglesas a las españolas el mismo día de su llegada a la posesión británica. El plan fracasa y entonces son trasladados de nuevo a Chafarinas y más adelante a Ceuta. Como la fuga y la entrega de Maceo y sus compañeros de aventura se conoció a través de la prensa europea, Betances inicia una campaña desde París en forma de artículos y cartas a sus amigos republicanos o liberales en España. El incidente, que fue tema de debate en la Cámara de los Comunes de Londres, provocó una fuerte reacción contra España en Europa y en América.

El patriota puertorriqueño le escribe a su amigo Manuel

Ruiz Zorrilla, diputado republicano, y en otra misiva a Rafael Mᵃ de Labra le reprocha a éste que, "los republicanos españoles no se han atrevido a decir una palabra en favor de Maceo... y pierden la gloria de darle la libertad". Betances visita a Londres con la esperanza de influenciar en el gobierno inglés, dadas las circunstancias de la entrega de un enemigo político al gobierno español en territorio británico. No logra sus propósitos de liberar a Maceo pero sí influye para que el gobierno de Londres le reclame el prisionero a España. Por su parte, las autoridades españolas trasladan a José Maceo de África a Pamplona, y a Castillo y a Rodríguez los encarcelan en Cádiz.

En su decisión de liberar a Maceo, Betances no descansa. La prensa española, estadounidense y europea entablan un debate. Finalmente las autoridades deciden llevar a Maceo de Pamplona a Mahón, de donde de nuevo se escapa a Argelia. España le reclama el prisionero al Gobierno francés y se entabla un pleito en el cual también Betances es figura de primer orden al intervenir directamente con el Quai d'Orsay, logrando esta vez la libertad de José Maceo. Algo parecido ocurrió en relación con Flor Crombet. Esta vez Betances se agencia la ayuda de Gregorio Luperón, el general y presidente dominicano, amigo del revolucionario puertorriqueño, del que obtuvo una ayuda económica que le permite embarcar felizmente a Flor Crombet hacia Nueva York. Este último incidente provoca una carta muy interesante de Betances dirigida a Máximo Gómez en la que expone con sinceridad el desinterés que lo anima y que irónicamente tendría una validez profética.

> Dígale a Martí que abuse mi nombre, si quiere, en favor del país, y que si fuera preciso exponerlo a las maldiciones de la posteridad para salvar a la patria, hasta allá voy yo.[9]

[9] Joaquín Freire, *Presencia de Puerto Rico en la Historia de Cuba*. Instituto de Cultura Puertorriqueña, San Juan, 1975, p. 130. La amistad que existía entre Rafael Mᵃ de Labra y Betances se debía a la afinidad abolicionista de ambos. Labra, que había nacido en Cuba, pertenecía al Partido Autonomista y sus opiniones eran muy respetadas en las Cortes. En el caso particular de Labra se repite la misma definición europeísta que reclamaban muchos criollos notables, como Pablo Lafargue, Gertrudis Gómez de Avellaneda, Luis Bonafoux, José Mᵃ Heredia Girard, José White, o el mismo Tarrida del Mármol.

A pesar de ser muy poco recordado en nuestros días, Betances mantuvo siempre, en términos generales, opiniones y descripciones favorables por parte de sus contemporáneos. El médico de Cabo Rojo es descrito por Carlos Manuel de Céspedes, hijo del patriota del 68, como un hombre de "voz dulce, la palabra siempre dirigida al corazón, a la vez que a la mente de los que le oían". Por su parte José Martí, con motivo de la fundación en Nueva York del Club Borinquen, después de otorgarle a Betances el título de Presidente de Honor, declara:

> De nuestro doctor Betances no nos olvidemos un punto, porque él es el corazón de su país con el que Cuba se hermana y abraza y porque son pocos los hombres en quienes como él, el pensamiento va acompañado de la acción, la superioridad del desinterés y el mérito extraordinario de la mansa modestia.[10]

Estrada Palma al nombrarlo Representante del Gobierno de Cuba en Armas en Francia, le informa: "...que le permitirán desarrollar sus iniciativas con más amplitud, y de su patriótico celo me prometo mucho bien para los intereses revolucionarios". El criterio de Arístides Agüero es bastante descriptivo,

> ...hombre integérrimo, patriota leal y constante, inteligencia clara y perspicaz, reputación intachable, gran crédito y relaciones francesas de influencia, trabajador infatigable y resuelto; serenidad y calma para todo; un solo defecto le encuentro: exceso de modestia y extrema bondad para sus enemigos e insubordinados.[11]

Por su parte Bartolomé Masó, en una carta dirigida a Betances, en diciembre de 1897, siendo éste Presidente de la República en Armas, le declara: "La causa de la libertad antillana tiene en usted un paladín decidido, y los pueblos que sufren, redimidos mañana, sabrán colocar su nombre de patriota inmaculado entre los primeros próceres".[12] Los justos vaticinios de Masó nunca se cumplieron cabalmente. Todas las

[10] *Ibid.*, p. 126.
[11] *Ibid.*, p. 127.
[12] *Ibid.*, p. 128.

palabras de admiración, toda la retórica apologética, todas las opiniones serenas y responsables en favor de Ramón Emeterio Betances, se olvidaron después de derramada la sangre en Santa Águeda. Hay, sin embargo, una opinión posterior poco recordada de un hombre acaudalado que le conoció y supo honrar su memoria, Luis Estévez Romero, escritor e historiador, residente en París, autor del libro *Desde el Zanjón hasta Baire* y primer vicepresidente de la república en 1902.

Dos días antes de la instalación de la Primera República, el 18 de mayo de 1902, Estévez Romero publica un trabajo en la revista *Cuba y América* cumpliendo, según relata, con el "religioso deber" de recordar la muerte de los que "consagraron su vida o parte de ella a la causa de la independencia". Pasa Estévez Romero a mencionar a Betances como "uno de esos ilustres muertos" que, "sin haber estado jamás en Cuba, la amó tanto como cualquiera de sus hijos, consagrando una gran parte de su vida a defender la libertad". Estévez Romero continúa con su elegía, rememorando detalles personales de Betances:

> Pocos hombres he conocido tan sensibles como él... Hubo veces durante los accidentados episodios de nuestra guerra, que vi correr lágrimas por sus mejillas, como el día que se supo en París la muerte de Antonio Maceo.

Y sigue relatando el escritor cubano:

> La independencia de su patria era para él una verdadera obsesión. No podía hablar de Cuba sin referirse inmediatamente a Puerto Rico; y cuando supo el sesgo que llevaban los acontecimientos de la guerra hispanomericana su contrariedad fue tan grande y su semblante, generalmente triste, reveló aun más tristeza.

Más adelante Estévez Romero hace referencia a una "larga carta" de Betances de la que extrajo este párrafo bien significativo.

> Todo va bien por ahora, sí, pero sólo para Cuba. Ya se anuncia la próxima anexión de Puerto Rico y allí no hay quien quiera ser americano. ¡Qué penosa situación! La independencia

es lo que hay que conseguir. ¿Pero quién se lo hace entender a España? Todavía habría tiempo.[13]

El destino había decretado que, a pesar de todo su tesón quijotesco cuando todo parecía perdido, los esfuerzos de Betances luchando contra la realidad evidente, y su memoria, quedasen en el olvido. José de la Luz León, otro escritor, que le rindió tributo al patriota boricua, al referirse a la suerte de Betances, escribió: "llevó conmovedoramente sobre sus hombros dos patrias, que es el modo más cierto de quedarse, a la postre, sin ninguna.[14]

Ramón Emeterio Betances representa para Puerto Rico lo que José Martí para los cubanos, figura con la que mejor se puede comparar al galeno de Cabo Rojo. Su larga y difícil misión de medio siglo quedó truncada por otros designios, ajenos a su voluntad de acero. Sufrió al final de su vida la frustración de no poder ver a su querida Borinquén independiente y libre. La muerte le había ahorrado presentidas pesadumbres. Su labor en la última guerra por la independencia de Cuba fue de un heroísmo incansable. Betances recolectó fondos, negoció la compra de armas y pertrechos, financió expediciones a Cuba, ayudó a los patriotas detenidos en cárceles africanas, dispuso de la evasión de presos, fundó comités por la causa de Cuba en Viena, Bruselas, Londres y Roma, estableció contactos con los rebeldes filipinos en Hong Kong, instigó dentro de la propia España para evitar el traslado de tropas a Cuba, preparó huelgas dentro de la península, combatió a sus enemigos hasta el último momento de su vida y orientó certeramente al anarquista Angiolillo en su misión de Santa Águeda. Este hombre admirable, como se puede comprobar en su testamento, murió casi en la pobreza.

Todo esto nos lleva a preguntarnos ¿Qué hechos acontecieron desde la muerte de Cánovas del Castillo, trece días antes de la ejecución de Angiolillo en Vergara y trece meses

---

[13] *Ibid.*, pp. 131-134. Luis Estévez Romero era un miembro destacado de la colonia cubana en París, además de estar casado con Marta Abreu, los dos benefactores más generosos de la emigración cubana en el extranjero.

[14] *Ibid.*, p. 134.

antes del lento suicidio de Betances en París? Los sucesos se precipitaron con tal rapidez en tres países diferentes que es difícil sacar conclusiones definitivas al respecto. Consideramos que es necesario tratar de hilvanar lo más selecto de estas acciones para llegar a establecer conclusiones lógicas, razonables, y poder apreciar, en su correcta dimensión, las consecuencias históricas que se produjeron con la desaparición del jefe del Gobierno español del escenario político de Europa en aquel verano de 1897.

OCHO

La profundidad de la herida

La reunión nocturna en la Casa Blanca se celebró el viernes 17 de septiembre de 1897. El que presidía, un caballero de Ohio considerado como hombre amistoso, tolerante, buen conversador y extremadamente religioso, al cual sus enemigos tildaban de inepto y débil, con cierta razón, requería en esos momentos la opinión de uno de sus consejeros más audaces. Se trataba de un hombre corpulento de 39 años, que se había destacado por desafiar el peligro y poseer una tenacidad a toda prueba. Considerado como uno de los pilares del expansionismo, era enérgico y decidido, además de poseer un entusiasmo contagioso que esa noche contrastaba con la frialdad de MacKinley. Fascinado por las actividades de la Marina de Guerra, Roosevelt proponía una táctica naval ofensiva. "La escuadra del Pacífico está en condiciones de tomar las Filipinas, y la del Atlántico lista para entrar en combate. Sería conveniente asumir la iniciativa y anticipar cualquier situación con agilidad en vez de esperar al enemigo. La escuadra asiática debe de estar preparada para ocupar Manila, y la del Este dispuesta en Cayo Hueso. Cuatro cruceros deben dirigirse a las costas de España para hostigar al enemigo. La clave de la victoria es la anticipación y la rapidez."

A principios de 1897, Estados Unidos se encontraba en una posición predominante con respecto al continente americano. La política expansionista en dirección al Oeste concluyó en 1890 con el asesinato del jefe sioux Sitting Bull y la consiguiente masacre de indios en la reservación de Wounded Knee Creek. Agotadas sus fronteras naturales, la avaricia de crecimiento tornó su mirada en dirección al Mar Caribe. A la antigua agenda estadounidense que desde principios de siglo contemplaba la anexión de Cuba, le había llegado su turno en la historia. Las declaraciones y maniobras de los presidentes Jefferson, Madison, Monroe, Buchanan y Grant, evidenciaban el claro propósito de posesionarse de la

Isla y desde allí ejercer su influencia sobre el resto de las Antillas. La idea consistía en convertir al Caribe en otro lago norteamericano.

Superada la depresión económica de 1893 y batidas a sangre y fuego todas las protestas obreras en sus demandas, el poderío industrial necesitaba y buscaba la dilatación del territorio nacional con el objetivo de incrementar sus ganancias. La política oficial, influenciada notablemente por los "barones de la industria" y de común acuerdo con estos intereses económicos, comenzó una sutil campaña contra la soberanía de España en Cuba desde el mismo momento en que estalló el conflicto entre cubanos y españoles. A todo esto hay que agregar que en 1895 los intereses estadounidenses en la Isla eran cuantiosos. El entonces presidente Grover Cleveland sumarizó este tema en uno de sus discursos,

> Se puede hacer un estimado razonable que al menos, de 30 a 50 millones de dólares, en capital norteamericano, se encuentran invertidos en plantaciones, ferrocarriles, minería y otros negocios empresariales en la Isla. El volumen de intercambio comercial entre los EE.UU. y Cuba en 1889 sumó cerca de 64 millones de dólares y aumentó en 1893 a alrededor de 103 millones...[1]

La oportunidad de liquidar definitivamente el dominio español en Cuba, su coherente política exterior por ese camino, y el beneficio económico que representaba esta actitud expansionista sobre Cuba, se presenta cuando los cubanos deciden levantarse en armas contra la metrópoli y ésta es incapaz de contener la rebelión. En el proceso bélico, España se arruinaba y Cuba quedaba postrada, ocasión que no podía ser desaprovechada por el partido imperialista que exigía del gobierno de Cleveland la intervención armada. Los expansionistas estaban representados dentro de la política estadounidense por la mentalidad imperialista de caballeros como Henry Cabot Lodge, Elihu Root y Theodore Roosevelt, entre otros. La personalidad que motivaba

[1] Howard Zinn, *A People's History of the United States*. Harper & Row Publishers. New York, 1980, p. 295.

el entusiasmo expansionista era el capitán Alfred Thayer Mahan, con su muy leído libro, *Influence of Sea Power on History* (*La influencia del poder naval en la historia*).

La prensa estadounidense, gran galvanizadora de la opinión pública en el país, defendía por esos años la política intervencionista desde sus diferentes órganos de opinión. William Randolph Hearst en el *New York Journal*, y Joseph Pulitzer desde el *New York World*, se manifestaban según ellos, por motivos netamente "humanitarios". Desde luego que la política de Cánovas y la brutalidad de Weyler les habían proporcionado razones para estas campañas. Debemos reconocer también que la ya mencionada "prensa amarilla" exageraba y mentía. Justo es que anotemos que dentro de la política nacional, se movía otro grupo poderoso e influyente de estadounidenses de persuasión antimperialista encabezados por el presidente de la Cámara, Thomas B. Reed, el editor E. L. Godkin, William James, presidente de la Universidad de Harvard, y Charles Eliot Norton, profesor de Humanidades de esa institución.

Desde el púlpito, los protestantes de corte calvinista y los del sector metodista, predicaban abiertamente en favor de las tesis imperialistas. El *Missionary Record* sugería que Jesús había sido "el más imperial de los imperialistas" y se declaraba por la causa expansionista. Marcos Antonio Ramos relata:

> Era evidente que la mayoría de los protestantes norteamericanos, por medio de sus publicaciones y de las declaraciones de sus asambleas, estaban al lado de la intervención estadounidense en Cuba durante la Guerra de Independencia, con la constante excepción de los cuáqueros pacifistas y los unitarios antintervencionistas. La prensa religiosa jugó un papel apreciable en el proceso.[2]

La influencia y el poder que ejercía el "púlpito" era de carácter decisivo y sólo comparable con el de la prensa norteamericana. No solamente influenciaba en una gran parte de la

---

[2] Marcos Antonio Ramos, *Panorama del protestantismo en Cuba*. Edit. Caribe. San José de Costa Rica, 1986, p. 159.

opinión pública sino también dentro del mismo gobierno. Unidas a veces estas dos fuerzas, la prensa y el púlpito, en cualquier campaña moral o social, sus argumentos, por absurdos o injustos que pudieran parecer, terminaban por imponerse dentro de la sociedad estadounidense de aquellos años.

Los últimos años de la política exterior del presidente Cleveland habían sido consecuentes con la situación cubana con respecto a España, pero el 7 de diciembre de 1896, en su último mensaje al Congreso, el presidente norteamericano declara que:

> ...no es razonable suponer que la hasta ahora expectante actitud de los Estados Unidos se mantenga indefinidamente... llegaremos a una situación en que nuestras obligaciones con respecto a la soberanía de España serán remplazadas por una obligación superior, que difícilmente podemos dudar en reconocer y desempeñar.[3]

Durante su mandato Cleveland mantuvó una actitud de neutralidad con respecto a España y esta posición, a pesar de la influencia de los imperialistas, se debió en gran parte a la gestión diplomática que llevaba a cabo el gobierno de Cánovas del Castillo. Pero en los días finales de su gobierno, Cleveland se veía obligado por la opinión pública del país, orientada por la prensa, a pedirle a España el cese de la guerra, la que por supuesto menguaba las inversiones estadounidenses ya mencionadas, y la concesión al separatismo cubano de algunas reformas políticas, al menos nominalmente. Cánovas, por su parte, pudo contener estas presiones con relativo éxito, y Cleveland mantuvo a raya al grupo imperialista.

El ascenso a la presidencia de William MacKinley en febrero de 1897, senador del Partido Republicano, a diferencia de Cleveland que era afiliado al Partido Demócrata, no pareció perturbar a los elementos antimperialistas. La personalidad de este político de Ohio no proyectaba a un hombre apasionado ni mucho menos beligerante. La mayoría de sus amigos lo

---

[3] H. G. Rickover, *How the Battleship Maine Was Destroyed*. Department of the Navy. Washington D.C. 1976, pp. 14-15.

consideraban, con toda justicia, un hombre muy religioso, que pertenecía a la denominación Metodista de la iglesia protestante. En lo referente a la política exterior era considerado como "un enigma". Después de la muerte de Cánovas, el nuevo embajador en Madrid, Steward L. Woodford, fue instruido con un mensaje a María Cristina, en el cual MacKinley le aseguraba a la reina regente y al gobierno español, que las intenciones de su gobierno hacia España eran amistosas y pacíficas. Sin embargo, en el mismo mensaje, condicionaba esa actitud inicial al desenvolvimiento de la estrategia política de España en relación con Cuba, que según el presidente norteamericano debía tomar por el camino del entendimiento y de la tregua, continuando de hecho la política exterior de Cleveland: paz y pacto con los separatistas. Prevenía en su mensaje al gobierno conservador de Madrid que, siendo la situación en Cuba muy peligrosa,

> ...los esfuerzos de acallar a la rebelión han conducido solamente a la devastación y en las condiciones actuales, algún incidente podría ocurrir que desatara las fuerzas fuera de control... si España no puede terminar la guerra, los EE.UU. intervendrán.[4]

A pesar de esta neutralidad condicionada, MacKinley, por su carácter vacilante, o quizás por haber escalado la Presidencia recientemente, no era partidario en esos momentos de un enfrentamiento con España. Esta actitud comenzó a modificarse a medida que sus consejeros cercanos de corte netamente imperialista le sugirieron una posición más enérgica. Se produjeron también ciertos cambios más belicosos por parte de la política exterior norteamericana, motivados por el escalamiento de la campaña "humanitaria" por parte de la prensa estadounidense y la ya visible incapacidad de Práxedes Mateo Sagasta para solucionar la crisis cubana. En su discurso anual ante el Congreso, el 6 de diciembre de 1897, la advertencia del verano se convierte en la amenaza del invierno:

[4] Hugh Thomas, Cuba, *The Pursuit of Freedom.* Harper & Row Publishers, New York, 1971, p. 355.

El futuro cercano demostrará si las condiciones indispensables para una paz justa entre cubanos y españoles... se podrá obtener. Si no... otras acciones se tomarán... en una línea indisputable de derecho y deber... Y si después parece ser un deber, impuesto por nuestras obligaciones a nosotros mismos, la civilización y la humanidad, a intervenir por la fuerza, no será una falta por nuestra parte.[5]

Las declaraciones de MacKinley se producían cuando ya España le había concedido a Cuba sus vacías reformas y aceptado la autonomía como la forma de gobierno que se le daría a los cubanos. Estas concesiones, como se comprobará más adelante, fueron tardías y deficientes. Irónicamente, no habían sido ideadas por Sagasta ni por ningún componente del Partido Liberal, sino por el archienemigo de los separatistas cubanos, Antonio Cánovas del Castillo. La autonomía para Cuba era un plan proyectado, pero nunca presentado o discutido en las Cortes. Cánovas en ningún momento pensó en satisfacer las demandas de los separatistas cubanos, pues sabía muy bien que éstos no aceptarían otra propuesta que no fuera la independencia. Las reformas canovistas iban dirigidas a contener las crecientes presiones estadounidenses de principios de 1897. El jefe del Gobierno español era un político previsor y astuto que preparaba la eventualidad de una crisis y un enfrentamiento con EE.UU., una puerta de escape, con la aspiración de evitar una guerra que España no podía ganar. Pero a fines de 1897, Cánovas era cadáver y el gobierno liberal de Sagasta era inefectivo para contener la avalancha que se le venía encima.

En agosto de 1897, los cubanos en la manigua recibieron la noticia del magnicidio cometido por Angiolillo con sorpresa y cierta complacencia secreta.[6] Como hemos expuesto, Cánovas

---

[5] H.G. Rickover, *op. cit.* p. 25.

[6] Máximo Gómez, *Cartas a Francisco Carrillo.* Editorial de Ciencias Sociales, La Habana, 1986, p. 177. Aunque Máximo Gómez le escribió primero a Estrada Palma y le declaró *a posteriori* su opinión sobre la muerte de Cánovas, en carta a Francisco Carrillo [¿agosto, 1897?] apunta: "Me reservo mi opinión sobre las consecuencias de las cuatro balas [sic] a Cánovas. También él mismo dijo un día, refiriéndose a nosotros, 'que no necesitaba más que [*sigue en la p. 116*]

era el enemigo más formidable de la causa separatista y su desaparición beneficiaba la agenda política del separatismo. Es conveniente resaltar una biografía encomiástica de Benigno Souza dedicada a Máximo Gómez, publicada originalmente en 1936 y como respuesta a una biografía de Cánovas, escrita por el Marqués de Lema. Considerada la obra del escritor y político español, por Souza, como "un libro indigesto y apologético," destaca la responsabilidad criminal del jefe del Gobierno español, por las atrocidades cometidas por las tropas de Weyler.

> No, no fue, como dice [de Lema] Cánovas temido en Cuba; fue *odiado* [subrayado en el original]... no pudieron ellos, para suprimirlas, arcabucear las ideas como hicieron con los hombres; y los diarios fusilamientos en el foso de Los Laureles, de pobres campesinos, de negros desconocidos, algunos con detalles atroces, como el de López Coloma, apaleado y abofeteado en el momento de la ejecución, ante miles de espectadores, no causaron... en la población de Cuba temor a Cánovas, sino odio intenso y por eso su nombre no podrá ser jamás olvidado por los cubanos, como tampoco lo será de seguro por los torturados de Montjuïch, si es que alguno vive aún.[7]

Después del alivio, recrudeció la guerra con más ferocidad. Se aprovecha inteligentemente la confusión política peninsular; el dolor del integrismo español en Cuba; la actitud pesimista de Weyler y el resto de las tropas españolas por la desaparición súbita de Cánovas. Llegan de EE.UU. dos expediciones más con armas y pertrechos. El alto mando español reacciona de forma tardía y poco agresiva a las provocaciones de Máximo Gómez en el centro de la Isla. Calixto García toma las primeras poblaciones importantes en Oriente: Guisa, Jiguaní y Victoria de las Tunas. Los cubanos retoman la iniciativa bélica y controlan casi todo el territorio oriental al este de la Trocha de Júcaro a Morón.

dos balas'". Como se puede apreciar, Gómez no hizo inicialmente ningún comentario, pero no pudo evitar expresarle a Carrillo la ironía del incidente.
[7] Benigno Souza, *Máximo Gómez, El Generalísimo*. Editorial de Ciencias Sociales La Habana, 1972, pp. 216-217.

En el escenario central de Cuba, Gómez opera sin dificultad en más de media provincia y en occidente, pacificado temporalmente después de la muerte de Maceo, todavía operan patrullas rebeldes.

La intensificación de la lucha por parte de los insurrectos no quería decir que la guerra estuviese siendo ganada o que se acercara la victoria final. Demostraba así, a las claras, que los separatistas estaban lejos de ser dominados. Por otra parte existían enormes dificultades por vencer y los cubanos aunque se mantenían en un estado de extrema belicosidad, todavía se encontraban en desventaja militar con respecto a la maquinaria bélica española. La guerra de exterminio llevada a cabo por Weyler en casi dos años había detenido el avance insurrecto y obligado a los generales cubanos a asumir una estrategia defensiva en casi todos los frentes. Con todos los horrores de la reconcentración, los alimentos se habían agotado y numerosos campesinos, al integrarse al campo de los rebeldes, hacían más penosa la labor de avituallamiento de las tropas cubanas.

Antes de la muerte de Cánovas, Weyler impidió el rápido avance de los cubanos en armas, levantó la moral de sus tropas y disminuyó los frentes en las provincias de occidente, obligando a los insurrectos a pasar a maniobras defensivas. De no haberlo logrado, el curso de la guerra se hubiese precipitado o al menos variado, en franca dirección a la causa separatista. El costo de haber empujado a los cubanos en dirección al centro y al este de la Isla había sido enorme, pero Weyler estaba en lo cierto cuando reportaba a Madrid el control español de las tres provincias más pequeñas y más cercanas a su campo de operaciones, del cual por algún motivo de alta estrategia militar, Valeriano Weyler nunca se ausentó.

Entre los cubanos en armas existían antiguas diferencias y conflictos que perjudicaban a la causa. Los militares, de corte autoritario, con la experiencia adquirida en la Guerra de los Diez Años, desconfiaban de los componentes del Gobierno en Armas, de marcada convicción civilista. Éstos a su vez veían en cada general a un Julio César. Eran viejos resabios, intolerancias, actitudes y hasta prejuicios sociales y raciales, casi todos de tipo personal. Un demonio difícil de exorcisar en esos días y en los por venir. El 12 de septiembre de 1895 y siguiendo las orientaciones originales de la guerra de 1868, se celebró la primera asamblea entre cubanos para decidir el curso de la guerra, sus objetivos políticos y militares, planes y agendas para liquidar la dominación española en Cuba.

Fue en Jimaguayú, poblado estratégico entre Camagüey y Oriente, donde los cubanos se dieron un gobierno civil al cual estaban supeditados los militares. Máximo Gómez y Antonio Maceo representaban las fuerzas armadas del Gobierno en Armas y quedaron responsabilizados con la dirección de las operaciones militares. Éstas quedaban bajo el mando supremo de Gómez en su condición de General en Jefe y tendrían a sus órdenes como segundo en el mando al Lugarteniente General Antonio Maceo, quien lo sustituiría en caso de vacante. Salvador Cisneros Betancourt, Marqués de Santa Lucía, quedó encargado del Consejo de Gobierno de la República en Armas, como Presidente.

Este último personaje, de corte enteramente radical, civilista hasta el paroxismo, antiautoriario y rebelde por naturaleza, era uno de los pocos cubanos separatistas que había sobrevivido las guerras y procedía de la más antigua y venerable trayectoria en contra del colonialismo español en Cuba. A pesar de ser miembro de la nobleza cubana, fue uno de los participantes en la conspiración anterior a la guerra de 1868–1878. Era la segunda vez que ocupaba el cargo de Presidente, la primera fue durante la Guerra de los Diez Años. Y al finalizar ésta con el Pacto del Zanjón, fue junto con Vicente García y Antonio Maceo de los pocos separatistas que protestaron enérgicamente dicho pacto. Cuando comenzó la última guerra contra España contaba con 67 años y era la figura más respetada dentro de los elementos civilistas del separatismo. Hombre de una generación de cubanos adinerados, sacrificó sus enormes recursos económicos en aras de la independencia de su país. Murió en 1914 y se opusó, durante la intervención extranjera, a la imposición y determinación norteamericana en Cuba.

El curso de la guerra, las decisiones políticas, los objetivos militares y las agendas en el exterior, tales como propaganda y colecta de fondos, los ascensos de los militares, la autoridad en el escenario de las batallas, etcétera, delimitaron y dividieron los campos entre civiles y militares. Mientras Máximo Gómez calificaba al Consejo de Gobierno como "la impedimenta", Cisneros Betancourt acusaba a Gómez de "cesarista". Si ambas corrientes tenían sus razones para entrar en conflicto y disputas, las realidades y diferentes actitudes, aunque fuera perfectamente comprensible, dado el carácter de los debates, dentro de la guerra contra España, perjudicaba el funcionamiento y el desarrollo de las hostilidades. Tal como fue acordado en Jimaguayú, a los dos años se celebraría otra asamblea con los mismos fines de formar un nuevo Gobierno en Armas y redactar una constitución. Y así, el 30 de octubre de 1897 se celebra esta asamblea que puede considerarse, además de necesaria, importante. Gómez había renunciado dos veces a su cargo de Generalísimo por diferencias con Cisneros Betancourt, las colectas de fondos en el extranjero disminuían peligrosamente y el separatismo cubano se hallaba desde el punto de vista político en un estado de estancamiento.

Reunidos en el poblado camagüeyano de La Yaya, los cubanos acuerdan dictar una nueva ley fundamental y elegir a un nuevo Consejo de Gobierno.

La nueva constitución alteró las relaciones entre la dirección civil y militar de la guerra, haciendo Secretario de la Guerra, jefe del Ejército Libertador y no incluyendo en la constitución las atribuciones del General en Jefe, que de hecho se verían disminuidas.[8]

Se pretendía subordinar a los generales al gobierno civil y, por lo menos en dicha constitución, quedó constancia de estas

---

[8] *La Enciclopedia de Cuba*, Historia. Playor S.A. Madrid, 1974. Capítulo 23, Documentos, p. 570.

intenciones, como un triunfo del discurso civilista. Sin embargo, a cambio de este acuerdo, que fue en realidad meramente nominal, Cisneros Betancourt y todo el gobierno renunciaron y fue elegido como Presidente de la República en Armas el General Bartolomé Masó, quien tenía relaciones amistosas con Gómez y fue recomendado por éste para lograr un arreglo amistoso entre ambas partes.

Superadas las diferencias de responsabilidad y territorio, al menos de forma temporal, los insurrectos continuaron la campaña guerrera con su tenacidad característica. Otro peligro los acechaba.

Procedía éste de parte del Partido Liberal, conocido como Autonomista, enemigo jurado de la revolución, el cual había desempeñado un papel predominante en la política cubana de la preguerra y que, tanto al principio como durante el conflicto, sus figuras más sobresalientes se habían pasado al bando español, firmado manifiestos, incorporados a la llamada Junta de Defensa, apoyado a Weyler y celebrado "sus victorias". Otros de sus dirigentes, menos intrépidos, decidieron convenientemente alejarse al extranjero, fuese en EE.UU. o en Europa, dedicándose a la intriga y a la división. La desaparición de Cánovas de la escena política abrió a los autonomistas las puertas del gobierno de Cuba. Tanto Pío Gullón, Moret, Canalejas y Sagasta, entendían que éstos, una vez aprobada la autonomía, serían aliados importantes para salir del laberinto cubano. Los autonomistas, como era su costumbre, optaron por cooperar con el gobierno español. Además, después de esperar 20 años, ahora eran "el gobierno legítimo de Cuba", al menos nominalmente.

La noticia del decreto que concedía a Cuba la autonomía no tomó desprevenidos a los insurrectos. Ya desde París, Betances le había comunicado a la Junta de Nueva York las intenciones del gobierno de Sagasta con respecto a Cuba y su rechazo de plano a la solución autonómica. En la manigua el Consejo de Gobierno y los jefes militares repudiaron violentamente el decreto de autonomía, y con todos de acuerdo, Máximo Gómez, dictó una

"Circular" como regalo de Navidad, el 21 de diciembre de 1897, considerando "traidores" y prometiendo fusilar a:

...cualquiera que dentro del campo revolucionario haga propaganda en favor de la paz... [y a todo aquel que] atribuyéndose el carácter de emisario... haga proposiciones de paz... sobre otras bases que la independencia absoluta e inmediata de toda la isla de Cuba.[9]

Esta "Circular" que en su conclusión condenaba con la "pena de muerte" a todos aquellos que simplemente propusieran discutir o aceptar la autonomía proclamada por el sustituto de Weyler, el general Ramón Blanco, selló la maniobra de Sagasta y el plan autonomista, condenándolos para siempre. Por su parte, el gobierno de Madrid concedió una amnistía a los presos políticos que se hallaban en sus cárceles como un gesto de buena voluntad, el cual fue aprovechado por los recién liberados para retornar a Cuba, vía EE.UU. e incorporarse al campo insurrecto. El separatismo cubano, tanto dentro como fuera de la Isla, mantuvo una actitud coherente y responsable con respecto al autonomismo como se podrá apreciar más adelante.

Antes de comenzar el conflicto contra España, en 1893, un cubano de procedencia autonomista le preguntó a José Martí con qué contaba él para derrotar a los españoles. Martí, con su agilidad mental característica, respondió: "Con los errores de España".

[9] Gómez, *op. cit.* pp. 189-190.

NUEVE

Los errores de España

El gabinete liberal estaba reunido alrededor de una larga mesa de roble. Sagasta, cojo y cansado, presidía el primer Consejo de ministros. Rompió el silencio con una pregunta dirigida a Moret. "¿Qué opina Weyler de nuestros planes?" El aludido respondió preocupado: "El general está disgustado por los cambios de procedimiento y es renuente a aceptar su sustitución. Menciona el apoyo absoluto de integristas y autonomistas y se excusa de no haber ofrecido su renuncia, invocando su doble responsabilidad de jefe del ejército y gobernador general, lo cual le impide cesar en su puesto de honor." "Eso era de esperar —interrumpe Pío Gullón— el gobierno debe sustituir a Weyler a la mayor brevedad posible, esto apoyaría nuestra posición en Washington...". Sagasta no le dejó terminar: "Informaré a la regente —y mirando hacia Alejandro Groizard ordenó—: Haga usted que se publique sin demora el Real Decreto en La Gaceta, sustituyendo a Weyler por Blanco y concediéndole a Cuba la autonomía. El honor está a salvo pero la guerra ha fracasado. Ya es hora de poner en práctica las acciones políticas y diplomáticas que son las opciones razonables que quedan con respecto a Cuba.

Un año antes de la firma del Protocolo de Paz, exactamente el 9 de agosto de 1897, Weyler, de operaciones militares en el pueblo de Aguacate, en las cercanías de La Habana, recibe un telegrama de España con la noticia de la muerte de Cánovas en Santa Águeda. Como era de esperar su frustración se tornó en disgusto y consciente de que la desaparición de su jefe y amigo afectaría su posición de Capitán General con poderes omnímodos, y que sería sustituido próximamente, no decidió renunciar a sus cargos. Por el contrario, consideró su responsabilidad como una "cuestión de honor militar". Sus comentarios sobre el magnicidio de

Cánovas fueron rotundos y sus presagios certeros

> ...la victoria de los Estados Unidos y los insurrectos que, hasta ahora no habían logrado, ni era probable que lograran por las armas, ni por la diplomacia, ante aquella voluntad de hierro y aquel envidiable talento...[1]

El general español, que se caracterizó más por sus pocos escrúpulos que por su talento militar, comprendía que el daño hecho a la causa de España era irreparable y que con toda lógica, EE.UU. se aprovecharía de la situación creada por la desaparición del estadista español. Weyler durante casi un año y medio había asolado y dejado en ruinas a Cuba, mientras cientos de cubanos perecían a diario a causa de la reconcentración. Sus "triunfos militares", exagerados por la prensa española, se habían reducido a contener la insurrección en tres provincias de Occidente, debido más a la muerte azarosa de Antonio Maceo que por la intrepidez de sus acciones bélicas; restablecer las comunicaciones telegráficas hasta la mitad de la isla; levantar la moral de las tropas a su mando y organizar el desorden dejado por Martínez Campos.

A pesar de contar con efectivos militares y navales capaces de dominar un territorio diez veces mayor que el de Cuba; con las ventajas estratégicas que representaban el control de las costas y un ejército equipado para sostener un frente en cualquier teatro de operaciones europeo, Weyler, en contradicción con sus órdenes, no había podido vencer a los separatistas. Como gobernador de la Isla, siendo responsable de la economía, el balance le era desfavorable, aun teniendo en cuenta la guerra de "tierra quemada" que le hacían sus enemigos. Las zafras azucareras, controladas teóricamente por sus fuerzas en las tres provincias más importantes y ricas de Cuba, descendieron de forma notable. En 1895 se produjeron más de un millón de toneladas de azúcar; en 1896 cayeron a 225 mil

---

[1] Melchor Fernández Almagro, *Historia política de la España contemporánea, 1897–1902.* Tomo III. Aliaza Edit. S.A. Madrid. 1968, p. 18.

toneladas; y en 1897 solamente alcanzaron las 212 mil toneladas, es decir casi la cuarta parte de la producción normal de azúcar cubano, su principal renglón de exportación.[2]

La "reconcentración" por su parte, con todos sus horrores, creaba dentro de Cuba un estado de terror y de muerte. Con esta drástica medida contuvo a medias la avalancha separatista que, a finales de 1895, ponía en serio peligro la soberanía española y que había llegado de un extremo a otro de la Isla. Esta acción criminal por parte del gobierno español había afectado profundamente a los insurrectos en la manigua, haciéndoles más difícil obtener ropas, medicinas y sobre todo alimentos. Por otra parte, la marina española empezó a ejercer un control más efectivo sobre las costas cubanas, con el objetivo de evitar el desembarco de expediciones desde el exterior, principalmente los puertos de la costa este de EE.UU. En ese verano de 1897, el ejército español controlaba casi todas las ciudades importantes de la Isla, lo mismo que sus comunicaciones marítimas, lo que permitía al ejército y a la marina abastecer y movilizar sus tropas y barcos en diferentes puntos de Cuba.

Para España, la guerra de Cuba estaba muy lejos de convertirse en una victoria y el tiempo trabajaba contra la Corona. El país se encontraba en medio de una crisis económica, lo que le hacía difícil al gobierno prolongar el conflicto por mucho tiempo, como en la guerra de 1868. Las protestas contra la guerra de Cuba, aunque reducidas al campo social, comenzaban a tomar impulso. El enorme número de bajas sufridas por el ejército español a causa de las enfermedades tropicales y las balas cubanas iba en aumento, el escenario no podía ser más triste y frustrante.

El separatismo armado mantenía la guerra con espíritu y estoicismo singulares, sufriendo hambre, miseria, enfermedades, falta de armas y escasez de municiones, a diferencia de

---

[2] Hugh Thomas, *Cuba, The Pursuit of Freedom*, Harper & Row Publishers, New York, 1971, p. 355.

España, cuya política en Cuba iba camino de destruir los mismos principios e intereses que decía defender. El gobierno de Madrid se atrincheraba en una guerra colonial desesperada, que entendía como una guerra civil. La causa de los revolucionarios poseía la virtud de estar dominada por una razón y de una dignidad, en busca de horizontes mejores para el pueblo de Cuba y animados del propósito de terminar de una vez por todas con la codicia, la intolerancia y la soberbia de España en su colonia ultramarina. Los cubanos separatistas, en contraste con España, tenían una agenda coherente y firme: la independencia. Estaban dispuestos a sacrificar espontáneamente lo único que les quedaba, su propia existencia, como seres humanos y como pueblo. Si para la casta militar española, el integrismo, el clero y los autonomistas, la desaparición de Cánovas del Castillo fue una noticia trágica y una premonición funesta, para los estadounidenses y los separatistas significó el principio del final de una dominación que se había prolongado por cuatro siglos.

El panorama español a la muerte de Cánovas no podía ser más deprimente. Como hemos relatado anteriormente, Azcárraga le entregó el poder en octubre a los liberales presididos por Práxedes Mateo Sagasta, un anciano de 72 años, enfermo, renuente a ser jefe de Gobierno y casi forzado por María Cristina para que se hiciera cargo de los destinos de España. Era, paradójicamente, el mismo caballero que el 8 de marzo de 1895 pronunció con solemnidad ante el Senado una frase que como apunta Carlos Serrano,

> ...ya oficialmente en las Cortes las medidas adoptadas, pronunciando [Sagasta] de paso una de esas frases que en la historia de tantos países han presagiado siempre las grandes derrotas, según la cual España, estaba dispuesta 'a gastar su última peseta y a dar la última gota de sangre de sus hijos' en defensa de 'sus derechos y [de] su territorio'. Nadie le contradice entonces...[3]

[3] Carlos Serrano, *Final del Imperio. España 1895–1898*. Siglo Veintiuno de España, Edit. S.A. Madrid, 1984, p. 19.

Esta frase, conocida abreviadamente como "hasta el último hombre y la última peseta", tantas veces atribuida errónea- mente a Cánovas del Castillo, quizás por la intensidad y la determinación de éste con respecto a la guerra en Cuba, perte- nece a su verdadero y único autor, Práxedes Mateo Sagasta. Y es precisamente este anciano político liberal el mismo per- sonaje que le concede sin pena ni gloria, a finales de 1897, la autonomía a Cuba. Este gobierno liberal de Sagasta, que incluía a figuras como Segismundo Moret, Pío Gullón y José Canalejas, puede ser calificado como de archipatético. Casi al final del laberinto se había convertido en una lamentable comitiva funeraria que se dirigía al panteón de la Historia con premura para enterrar los restos del otrora inmenso Imperio de España, la primera potencia global que contemplara la humanidad. La entrevista entre María Cristina y Sagasta ilustra el estado de desesperación que existía en la Corte al manifestarle éste su decisión de concederle a Cuba un gobierno autónomo. La Reina Regente inquiere preocupada: "Pero con la autonomía, ¿se pierde a Cuba?" A lo que res- ponde Sagasta con su pesimismo habitual: "Más perdida de lo que está ya, señora".

A diferencias de Sagasta, que era inferior en casi todo a Cánovas, el gobierno de Madrid mantenía una política que, aunque deplorable y criminal, había servido al menos de con- tención y resistencia con respecto a los insurgentes, debido a la brutalidad con la que Weyler la llevaba a cabo y porque, dentro de su misma contradicción, al menos era coherente con la mentalidad colonialista de aquellos años. Ante EE.UU., Cánovas del Castillo había sabido superar las diferencias que existían entre las dos naciones en relación con Cuba y su determinación de mantener la soberanía sobre la Isla era indiscutible. Cánovas había sido uno de los políticos más inteligentes y capaces de Europa. En el campo diplomático, por ejemplo, España se podía dar el lujo, por primera vez en varios siglos, de no tener enemigos en el continente y de haber podido salir del aislamiento en que estuvo sumergida como nación.

Todo esto empezaría a tomar por un rumbo diferente durante el interregno de Azcárraga, cuando al saberse el futuro cambio en el ejercicio del poder se ponía en duda la actuación de Weyler, y la oposición liberal se preparaba para retomar el mando. La situación política dentro de España se agravó aún más cuando empezó a reinar la confusión y el pesimismo. Francisco Silvela se convirtió en la figura más importante del Partido Unión Conservadora, con el apoyo de Arsenio Martínez Campos, mientras que Romero Robledo, relegado a segunda figura, intrigaba con los elementos integristas que procedían de Cuba, motivado por los "intereses comunes" en el conflicto. "Intereses" que enriquecían tanto al citado Romero Robledo como al Marqués de Comillas. Porque la guerra siempre ha sido un buen negocio para algunos pícaros con influencia.

En las Cortes españolas, desde tiempo inmemorial, siempre estuvieron representados los "intereses cubanos" por un grupo de cabilderos al servicio y para la protección de dichos "intereses". Romero Robledo se había casado con la hija de Julián Zulueta, uno de "...los Zuluetas, [que] eran en efecto dueños de algunos de los principales ingenios azucareros de la Isla". Más adelante dice Carlos Serrano: "Romero Robledo encarna perfectamente el tipo de hombre político cuya actuación iba en el sentido de la defensa incondicional del sistema colonial al que estaba unido por intereses propios". Algo parecido acontece con Claudio López Bru, mejor conocido como el Marqués de Comillas:

> ...santanderino de origen, enriquecido en Cuba precisamente, el marqués dispone, entre muchos otros bienes ...y sobre todo en la Cía. Trasatlántica de que es primer accionista, y cuya historia está íntimamente vinculada a las colonias. Consiguió Comillas al principio de los noventa un casi monopolio en el comercio antillano—gracias a la intervención de ...Romero Robledo, accionista en la misma compañía.[4]

4 Serrano, *op. cit.*, pp. 49-50.

A este elenco de "los intereses cubanos" hay que agregar el nombre de un personaje casi desconocido por los historiadores, José Cánovas del Castillo, hermano del Presidente del Consejo, que en contubernio con el antes mencionado Zulueta, representaban a la surocracia peninsular y la interrelación entre el capital y el Estado español.

La Trasatlántica española trasladó de puertos españoles a Cuba desde 1895 a 1898 a más de 220,000 soldados españoles, armas, municiones, ropas vituallas, etcétera. Estos contratos que eran en realidad monopolios, le produjeron a los dos personajes monumentales ganancias. La política consecuente de Cánovas dentro del Partido Conservador quedó enterrada junto con su cadáver. En esos años los políticos españoles perdieron el timón y la brújula. Relata Fernández Almagro: "Sin preocuparse de matizar la transición, el gobierno sustituyó a Weyler con Blanco, su antípoda, por contemporizador e indeciso". Pero el error político de más envergadura consistió en otorgarle a Cuba, en medio de una guerra de exterminio, la autonomía. Esta medida, por supuesto, le atrajo al Partido Liberal la enemistad y en muchos casos el odio de los elementos integristas más retrógrados de Cuba y sobre sus cabezas empezaron a caer anatemas. El integrismo español en Cuba, los componentes del Partido Unión Constitucional "irreductible, en su españolismo asimilista...", que no cesaban de añorar a Weyler y sus métodos punitivos, recibieron al nuevo Capitán General, Ramón Blanco, con una franca hostilidad, al enterarse de las instrucciones, para ellos incomprensibles, que emanaban de Madrid.[5]

Una prueba de la poca creatividad política que tenían Sagasta y sus conmilitones es la fuente de donde procedían las ideas de conceder a Cuba la versión española del *selfgoverment* al estilo de Australia o Canadá. Por excéntrico que pudiera parece, el llamado "Proyecto de nuevo estatuto para Cuba", éste había sido presentado a la reina regente en febrero de

---

[5] Fernández Almagro, *op. cit.*, pp. 25 y 36.

1897 por el mismísimo Canovás del Castillo, y telegrafiado secretamente a su embajada en Washington por el duque de Tetuán. Este documento nunca se hizo oficial. No fue presentado a las Cortes, por tratarse de un "proyecto", y pocos sabían de su existencia. Sagasta de alguna manera conocía de este "proyecto" y fue precisamente el documento usado por el político español para implantar el ahora llamado "Plan de reformas administrativas". Este documento contemplaba una especie de autonomía escasa y retrasada.[6]

Probablemente estas "reformas" cuando fueron propuestas originalmente por Antonio Maura en 1892, hubieran evitado la guerra. Según algunos, la autonomía fue ideada por Cánovas como una medida eficaz para aplacar las presiones imperialistas que se le hacían desde Washington, y nunca con el propósito de beneficiar a los cubanos, pretensión que jamás contempló Cánovas, aun en sus momentos más generosos. La medida ayudaría de paso a aplacar la situación interior en España, creada por la guerra.

Este tipo de "reformas" nunca hubiera podido ser implantado con éxito en Cuba por tratarse de un

> ...tímido proyecto de reformas administrativas para Cuba, que se irían aplicando según Weyler 'pacificase' las diferentes provincias. Primer paso hacia el abandono de la doctrina 'a la guerra con la guerra', este proyecto era sin embargo, inoperante...[7]

Y fue precisamente este "tímido proyecto" copiado al pie de la letra al propuesto por Cánovas, con el que Sagasta pretendía satisfacer a la ya amenazadora presión estadounidense; pacificar con una candidez celestial a los insurrectos y, con una inocencia rayana en abstracciones metafísicas, amansar al integrismo colonial en Cuba. En política, es sabido que los

---

[6] Serrano, *op. cit.*, p. 145. Serrano recopiló en su obra el documento en toda su extensión llamado: Proyecto del nuevo estatuto para Cuba (1897), presentado por Cánovas a María Cristina.

[7] *Ibid.*, p. 29.

errores cuestan caros, y esta gestión apaciguadora funcionó en dirección contraria a lo esperado por Sagasta. Existían desde el siglo anterior pruebas de lo peligroso que pueden ser las concesiones de este tipo. Sobre todo hechas a un adversario expansionista y agresivo. Para aliviar las presiones internacionales el *appeasement* es un arma de doble filo. No dio resultado en tiempos napoleónicos, ni mucho menos a finales de siglo. A pesar de su larga experiencia en desastres coloniales y de haber supuestamente aprendido caras lecciones en esta disciplina de la diplomacia, España, en vez de concederle a Cuba la independencia, con todos los peligros que esta decisión produjera, optó por la autonomía.

La idea de que el Gobierno español declarara un armisticio y negociara con los separatistas la independencia plena, no era muy popular en los medios políticos españoles, la plutocracia y los "intereses cubanos". Sin embargo, es poco conocida la solución ofrecida por los republicanos federalistas al respecto. Tanto Nicolás Salmerón como Francisco Pi y Margall, se pronunciaron en varias ocasiones con anterioridad a la crisis cubana por la independencia de Cuba. Ya para principios de 1898, Pi y Margall, en el órgano de propaganda de su partido, *El Nuevo Régimen*, insistía en su proposición. Según relata Robles Muñoz:

> El viejo jefe federal aceptaba la base de negociación que planteaban los rebeldes: la independencia indiscutible. Sobre ese punto de partida podía y debía el gobierno trabajar para conseguir las mejores condiciones...aceptando la primera de sus condiciones y poniendo fecha a la independencia de los cubanos. Había que salir de la quimera de que Cuba era una provincia española. Tampoco valía la ilusión que podría suscitar la autonomía aprobada a fines de noviembre. No había podido desarmar a un solo rebelde.[8]

Pi y Margall continuó casi ignorado en su campaña por

---

[8] Cristóbal Robles Muñoz, *1898: Diplomacia y Opinión*. Consejo Superior de Investigaciones Científicas, Biblioteca de Historia, Madrid, 1991, pp. 37-38.

hacer la paz con los cubanos. El 26 de febrero de 1898 escribe, once días después de la explosión del acorazado Maine en la bahía habanera:

> No de los Estados Unidos, sino de nosotros, debemos quejarnos. Es, a nuestros ojos, hasta un crimen concitar entre ellos [EE.UU.] y nosotros discordias y provocar la guerra. Acabar la de Cuba por cualesquiera medios es lo que a la nación importa.[9]

El 28 de mayo, en *El Nuevo Régimen,* declarada ya la guerra y perdida la batalla naval de Cavite, Filipinas, Robles Muñoz nos dice citando las opiniones de los federalistas: "La independencia de Cuba era la primera base para la paz con los Estados Unidos", y, más adelante, de nuevo corrobora el dato con la versión del citado semanario republicano.

> ...La humanidad para nosotros está encima de la Patria; la Patria sobre los partidos; la justicia sobre el interés; la libertad de los pueblos sobre toda idea de engrandecimiento y dominio.[10]

Pero estas gestiones se ahogaron en un océano "patriotero" y triunfalista que había inundado a España en la primavera de 1898, y casi nadie parecía entender estas lúcidas razones de Pi y Margall. Los republicanos federalistas eran una minoría dentro de la política nacional de España, de los pocos que comprendían el problema a fondo, y no estaban cegados por el orgullo y la arrogancia. Por su parte, los fríos adversarios al otro lado del Atlántico, componentes del "partido imperialista" estadounidense, comprendieron que su momento en la historia había llegado. Con la concesión de la autonomía a Cuba por España y la negativa rotunda de los insurrectos a aceptarla, aquélla caía en una trampa doble, que trajo como consecuencia que los estadounidenses incrementaran su política coercitiva y amenazaran abiertamente con la punitiva,

[9] Robles Muñoz, *op. cit.,* p. 38, nota 33.
[10] *Ibid.,* p. 165, nota 99.

mientras los insurrectos escalaban el conflicto. La flota norteamericana comenzó a efectuar "maniobras navales" cerca de las costas cubanas.

Si el proyecto autonomista hubiese sido presentado y concedido por Cánovas del Castillo, o por lo menos estando éste vivo, fuese o no jefe del Gobierno, con su autoridad moral y su prestigio, los elementos más conservadores, los integristas más reaccionarios que aprobaron la política represiva del político español hubieran aceptado —a regañadientes— las orientaciones que procedían de Madrid y, por supuesto, nunca se hubieran producido protestas violentas en las calles de La Habana. Éstas fueron usadas muy convenientemente por el Cónsul estadounidense Fitzhugh Lee, un personaje de corte eminentemente imperialista, para pedirle a MacKinley el envío de un acorazado, anclado en Key West, a unas pocas horas de navegación de La Habana, con la responsabilidad de "proteger vidas y haciendas de los ciudadanos estadounidenses en Cuba". Es muy posible, igualmente, que los insurrectos tampoco hubiesen aceptado la autonomía como una concesión canovista, pero también es probable que Weyler no hubiera sido sustituido por Blanco.

Existe otro factor de carácter internacional poco mencionado. España, en la época de Cánovas, estableció relaciones poco comunes de amistad con el resto de las potencias europeas, de Lisboa a San Petersburgo. Es cierto que España no pactó alianzas con ninguna nación europea, pero es razonable pensar que las cancillerías de las potencias de Europa y hasta la opinión internacional se hubieran puesto de parte de Cánovas en un enfrentamiento con EE.UU. La personalidad del líder español y su influencia en todos los Estados europeos de finales del siglo hubiera hecho reflexionar un poco a los imperialistas del Potomac y no les hubiera sido tan fácil precipitar una guerra contra España.

La Corona española compartía junto con el resto de Europa una política colonialista, con toda su fuerza y determinación. Francia y sobre todo Inglaterra poseían un vasto imperio colonial en África, Asia y el Oriente, además de tener intereses coloniales, posesiones y dominios en América. Italia conservaba sus colonias en el norte de África; Holanda y Bélgica poseían territorios cien veces mayores en ultramar que dentro de sus fronteras. La Alemania del Kaiser Guillermo II, con territorios en África, amenazaba con su fuerza colonial en el Pacífico y amagaba en América. Todas estas potencias europeas tenían en común con España la posesión de importantes territorios fuera de sus territorios naturales y una política exterior similar. Existía de hecho una solidaridad, amistad y respeto mutuo por este sistema deplorable de imposición internacional, racial y cultural a pueblos menos favorecidos por su posición estratégica o por su economía. Un ejemplo de esta solidaridad colonialista se demostraba con los métodos represivos impuestos a cualquier país que osara insubordinarse contra este coloniaje despreciable. Todas las potencias respondían con la misma brutalidad. La represión contra cualquier país colonizado era aceptada de buen grado por los europeos blancos en África y en Asia. Cooperaban entre sí para sofocar y reducir a la población nativa. El colonialismo europeo era aceptado y legalizado universalmente dentro del Derecho Internacional.

Finalmente quedaba el Imperio Austro-Húngaro, gobernado por Francisco José de Habsburgo, tío de María Cristina, regente de España. Es sabido que las relaciones entre estos dos personajes reales eran no sólo de tipo familiar sino también en sus proposiciones dinásticas. En el largo reinado de Francisco José, Austria siempre mantuvo una política exterior en apoyo a la familia de los Habsburgo. El caso del Archiduque Maximiliano en México es más que conocido y un ejemplo de como Francisco José se solidarizó con su hermano menor en la aventura trascontinental hasta donde políticamente pudo. El Vaticano, representado por León XIII de Pontífice, Francisco José y hasta el zar Nicólas II de Rusia, se declaraban en favor de los intereses de España, o al menos se manifestaban y obraban dentro del contexto de ideas que ésta representaba en América: un poder colonial, una monarquía y una nación católica.

La realidad política, colonialista, de la Europa de fin de siglo, hubiera sido más amistosa y favorable a una España gobernada por Cánovas que por Sagasta. La guerra entre Estados Unidos y España se desató con una rapidez fuera de lo común. España, por supuesto, conocía de antemano las intenciones expansionistas de EE.UU. sobre Cuba. Cleveland primero y MacKinley después habían invocado "motivos humanitarios", el enorme costo de mantener la flota del Atlántico en estado de alerta para evitar las expediciones "filibusteras" de los cubanos y, naturalmente, los millones de dólares que tenían invertidos los capitalistas estadounidenses en Cuba, que estaban en peligro por la ruina producida por la guerra.

En ningún momento se mencionó la "Doctrina Monroe" que legalmente, según los cronistas españoles, no era válida, de acuerdo con el Derecho Internacional, con respecto a Cuba. Pero la actitud agresiva y coercitiva de los elementos imperialistas dentro del país contrastaba con las señales de paz que enviaba MacKinley, y esto confundió notablemente la visión geopolítica del gobierno de Sagasta, permitiendo que los acontecimientos se precipitaran en la forma inconcebible en que se produjeron.

Si Cánovas hubiese sido el jefe del Gobierno español, es razonable pensar que, aunque el conflicto entre los dos países fuese inevitable, que no lo era, el final no hubiera sido tan dramático y costoso para España. Aunque en la solución a la "Cuestión cubana" no hubiese participado EE.UU. como protagonista y se hubiera llegado a un arreglo con respecto a la independencia, es muy probable que en cuanto al futuro ecónomico de la Isla, los estadounidenses desempeñaran un papel importante debido a los intereses económicos y a la posición geográfica de Cuba.

Después de la derrota, cuando España se preparaba a negociar en París las condiciones de los vencedores, Francisco Silvela, líder de una facción importante del Partido Conservador, desde el periódico *El Tiempo*, recrimina amargamente la política de Sagasta y le pide al gobierno liberal "cambios radicales" y la reestructuración de la clase política. Silvela dice una frase digna de mención: "Hay que dejar la mentira y desposarse con la verdad..." Este certero juicio reflejaba parte de la tragedia moral de la política española de aquellos años.

Para septiembre, según comenta Robles Muñoz, "Correspondía a las Cortes exigir las responsabilidades políticas y morales por las causas mediatas e inmediatas de la guerra...". Por todo lo cual, las Cortes se reabrieron el 5 de septiembre y comenzaron los debates para tratar de exigir y/o depurar responsabilidades.[11]

> Cánovas había comentado que existían 'altas costumbres y convencionalismos de Estado' para explicar ciertos hechos consumados. Cuando se quiso emplear esta referencia como un eximiente, el ministro de Estado del último gobierno conservador [el duque de Tetuán] salió al paso y defendió la postura de su presidente. Cánovas jamás hubiera ido a la guerra con los EE.UU. Su política no hubiera llevado al ultimátum.[12]

Con referencia a la responsabilidad de Práxedes Mateo Sagasta, Robles Muñoz es categórico y definitivo:

> Ahí estaba la raíz del desastre. Toda esa podredumbre había ido con los soldados a la guerra. Pese a su valor, nada pudieron contra un mal que llevaba inevitablemente a la paz en las tristes condiciones fijadas por el Protocolo...Sagasta, un político sin resolución, que había agrandado los males de la crisis colonial. Ni la autonomía ni la amistad con los EE.UU. avalaron el acierto ni fueron piezas para la solución del problema cubano. Faltó entonces valor para abandonar a Cuba y luego se perdieron con ellas Puerto Rico y Filipinas. Sagasta era el responsable...[13]

Con toda seguridad, Práxedes Mateo Sagasta había resumido todo el proceso histórico, al mismo tiempo que lo explicaba, con una frase pronunciada al comenzar esta última etapa: "Yo no sé adonde vamos; pero sí sé que doquiera que vayamos, perderemos nuestro camino".

[11] *Ibid.*, pp. 271 y 277.
[12] *Ibid.*, p. 283. nota 30.
[13] *Ibid.*, notas 31 y 32.

DIEZ

El desenlace

Los dos hombres se miraron en silencio. Por la ventana del palacio de la Plaza de Armas pasaba el fresco nocturno con los olores fétidos del puerto. Gálvez habló primero, dirigiéndose a Montoro, puesto ya de pie y usando un tono oratorio entre triste y sombrío, muy de acuerdo con la gravedad del momento. "Rafael, estamos en medio de un dilema terrible, el autonomismo ha fracasado, España está de rodillas y MacKinley se anexa a Cuba. Los insurrectos nos colgarán de una guásima si antes no nos arrastran los integristas. Todo se ha perdido y la derrota de nuestra causa ha sido humillante." "No seas pesimista José María —replicó el otro personaje, frío y retórico—; nunca me hice ilusiones, Cuba estaba perdida desde que se nos hizo gobierno; enemigos hemos tenido siempre, y en cuanto a los estadounidenses y los españolistas ambos nos necesitan, ora por la política ora por los intereses. Con respecto a los separatistas, carecen de experiencia política y la independencia, si se la conceden, no será nunca como ellos proponen, sino como le convenga a Washington, no saben nada de gobierno, el país está arruinado y los muertos se amontonan en las calles. No nos acontecerá ningún percance, nos llamarán de nuevo, recuerda que en esta Isla todo se olvida con demasiada facilidad."

El gobierno de Sagasta se llenó de optimismo al recibirse las noticias desde Manila, referentes a la pacificación del archipiélago filipino mediante el Tratado de Byac-Na-Bató, el 23 de diciembre de 1897. Los insurrectos, dirigidos por Emilio Aguinaldo, aceptaron deponer las armas en un pacto considerado como honorable para la causa filipina. Esta excelente nueva y la declaración del embajador en Washington, Enrique Dupuy de Lome, expresaba su "opinión oficial" y que consistía en que "...nunca ha sido tan buena la situación política ni tan fácil mi misión desde mayo de 1895. Según se me ha manifestado, han desaparecido todos los motivos de irritaciones". Este mensaje fue considerado por el gobierno español como el inicio de una solución pacífica a los problemas de España y una paz permanente en Cuba. Fernández Almagro comenta con su habitual retórica: "Arriesgadísima confianza, que crueles realidades no tardarían en hechar por tierra."[1]

Concedida la autonomía a Cuba el primero de enero de 1898, sin un referéndum adecuado, después de jurar la Constitución, ascendió al poder nominal de Cuba un gobierno presidido por José María de Gálvez. En el papel de ministros todo un elenco de cubanos inteligentes y acomodados, tales como Rafael Montoro, Antonio Govín, Francisco Zayas, Eduardo Dolz y Laureano Rodríguez. De Capitán General continuaba Ramón Blanco al mando del ejército y al que le estaban "subordinadas todas las demás autoridades de la Isla" y que por supuesto incluía al recién nombrado "gobierno". Creía erróneamente Sagasta, que con esta maniobra política iba a concluir el conflicto. Como primera medida, Blanco suspendió definitivamente el Bando de la Reconcentración, se abrieron las cárceles y se concedió de nuevo el derecho de la "libertad de imprenta", por la cual, de forma controlada, se permitía la expresión de algunas opiniones periodísticas en contra del gobierno autonomista.

En España, la autonomía a Cuba fue recibida con desagrado y pesar por los elementos más reaccionarios que, simplemente, no se fiaban de ninguna apertura política para la Isla. Los políticos conservadores y casi todos los liberales, en apoyo solidario con los intereses económicos en la Isla rebelde, aliados con el Partido Unión Constitucional, se hicieron eco de la opinión de los integristas. El criterio generalizado de la prensa española de aquella época era firmemente contrario a concederle a Cuba la autonomía, con la excepción de los voceros republicanos, que le pedían la

[1] Melchor Fernández Almagro, *Historia política de la España contemporánea, 1897–1902*, tomo 3, Alianza Edit. Madrid, 1968. pp. 42-43.

independencia como una medida necesaria. Este juicio, representado por Pi y Margall, desde su prisma político-económico, era valedero. En un país que se hallaba en medio de una guerra de exterminio, donde el hambre, la miseria y la muerte eran un acontecer cotidiano. Enfrentados a un enemigo decidido y tenaz que no aceptaba otra solución que la independencia. Y lo que era peor aún, un vecino poderoso y expansionista al que se trataba de apaciguar diplomáticamente sin resultados positivos. El otorgamiento de un permiso para poder ejercer un semigobierno era un despropósito y un ejercicio inútil.

Los primeros síntomas de descontento se produjeron en La Habana el 12 de enero de 1898, en forma de motines callejeros provocados por los elementos más españolistas de la ciudad, que exigían el retorno de los métodos represivos de Weyler. Los desórdenes fueron provocados por el periódico *El Reconcentrado,* con un artículo titulado "Fuga de Granujas", dirigido a los colaboradores más cercanos del depuesto Capitán General. La tensión existente entre los militares españoles, el integrismo ultramontano de una parte, y los autonomistas cubanos por la otra, produjo incidentes lamentables. Todo lo cual fue aprovechado muy astutamente por el Jefe del servicio consular norteamericano para reiterar su pedido de enviar uno o dos acorazados a La Habana en vista de la "peligrosidad" de estos sucesos. Fitzhugh Lee se había dirigido con anterioridad al Departamento de Estado, el 22 de diciembre de 1897 con el mismo requerimiento.

La visita del acorazado *Maine* se produce en términos amistosos, cuasi-diplomáticos, no obstante la realidad era bien distinta. El capitán del barco de guerra, Charles B. Sigsbee, levó anclas en Dry Tortugas en zafarrancho de combate y el 25 de enero entró en el puerto de La Habana. "...Sigsbee pensaba entrar sin práctico pero decidió no hacerlo". A pesar del estado de tensión existente en la ciudad, Sigsbee traía instrucciones de actuar con cautela y en plano de cortesía. Sin embargo,

El Maine presentaba un aspecto formidable... para los servicios portuarios la llegada del Maine tuvo las características de un acto precipitado... Si hubieran sabido de que carecía de credenciales apropiadas, [peligro de fiebre amarilla] habrían recomendado ponerlo en cuarentena.[2]

La presencia de Canalejas en Cuba, el único político español de cierta envergadura que —en el ejercicio de su cargo— visitara por primera vez a su colonia ultramarina en cuatro siglos de dominación española, dio motivo a un informe secreto que redactó Dupuy de Lome sobre la situación política en Washington y una opinión personal, aunque generalizada, que se atribuía a los enemigos de MacKinley, del carácter de dicho presidente. En vez de recibir Canalejas dicha carta, se enteró de su contenido por la prensa, pues el mensajero, un cubano de origen llamado Gustavo Escoto, se la entregó a la Junta de Nueva York, la que por mediación de Horatio Rubens, abogado estadounidense al servicio de la causa independentista, la hizo pública el 8 de febrero en el *New York Journal*, para informar al mundo del criterio que tenía el Embajador español en Washington del presidente MacKinley. Los conceptos expresados en la misiva sobre el político estadounidense eran por supuesto de orden peyorativo. Dupuy de Lome usaba términos como "débil y populachero", además de "politicastro". Este informe obligó al optimista y experimentado diplomático a renunciar a su embajada por una indiscreción inconcebible. España quedaba huérfana de una diplomacia eficiente en el mismo vórtice del huracán y cuando más la necesitaba. Las relaciones entre ambas naciones se ensombrecieron.

Fracasado, apenas iniciado su periplo diplomático, Canalejas declaraba en privado su confusión y su pesimismo. Como nos relata Celso Emilio Ferreiro en una biografía dedicada al poeta gallego Manuel Curros Enríquez, con cita de este último, que ejercía como periodista por esos años en

[2] H.G. Rickover, *How the Battleship Maine was Destroyed*, Department of the Navy, Washington D.C., 1976, pp. 34-36.

La Habana en el *Diario de la Marina*. Curros Enríquez fue testigo de una declaración hecha por el político liberal español con respecto a Cuba, EE.UU. y España.

...Canalejas, que después de una visita a los EE.UU., decía en la misma redacción del *Diario de la Marina:'* Cuando salí de España dudaba sobre la oportunidad de concesiones, pero después de haber visto las fuerzas con que cuentan los americanos, ya no he vacilado y telegrafié a Sagasta en clave convenida, —La autonomía, la independencia, todo menos la guerra—; y regresaba a España para permanecer mudo ante los sucesos y consentir en la infamia que se iba a cometer...[3]

La certera crítica de Curros Enríquez sobre las declaraciones ambiguas de Sagasta y su silenciosa actitud posterior, hacen poner en dudas la credibilidad del político español en relación con su "telegrama" a Sagasta. En el mejor de los casos, lo relatado por Curros Enríquez indica bien a las claras con qué clase de políticos contaba España en sus momentos más cruciales.

La noche del 15 de febrero de 1898, una violenta explosión estremeció a La Habana. La proa del acorazado *Maine* estalló impetuosamente, producto de un accidente interior —todo lo cual no se pudo aclarar hasta 1976—, lo que se convirtió en motivo de debates desde esa misma noche hasta nuestros días. La explosión del barco de guerra estadounidense y la muerte de 266 marinos a bordo se convirtió en la razón principal de la declaración de guerra de EE.UU. a España, unos meses después. La comisión estadounidense determinó equivocadamente —o forzada por la tensión belicista del momento—, que el estallido fue de carácter exterior, implicando una agresión, mientras otra comisión española resolvió lo contrario, que era de orden interior, un accidente, y pidió un arbitraje internacional.[4]

[3] Celso Emilio Ferreiro, *Curros Enríquez*, Edit. Júcar, Madrid, 1973, p. 110.
[4] Hyman G. Rickover, *op cit.*, pp. 93-106. "Summary". En esta obra el almirante Rickover, científico y creador del submarino atómico *Nautilus*, prueba definitivamente que la explosión fue de origen interior y de carácter fortuito.

Desencadenadas las pasiones en EE.UU., la opinión pública poseída de una histeria colectiva, creada artificialmente por los periódicos sensacionalistas y con una presión en aumento, provocada por el partido imperialista al cual se sumaban más adeptos importantes dentro de los cuerpos legislativos de Washington, obligaron al indeciso MacKinley a asumir una posición más belicosa. El Presidente se procuró la ayuda de un viejo amigo, William R. Day, abogado discreto y astuto, al que nombró Asistente del Secretario de Estado. El titular, John Sherman, hermano del famoso, o infame, general de la Guerra de Secesión, William Tecumseh Sherman, militar admirado e imitado por Valeriano Weyler, se encontraba viejo y enfermo. Desde ese momento Day asumió toda la responsabilidad en la crisis con España. Day no era un diplomático de carrera, pero si un hombre del cual MacKinley se fiaba. Pronto se convertiría en uno de los personajes principales del drama diplomático que se avecinaba. Day le sugiere a Stewart L. Woodford, el

---

"Probablemente un incendio en la carbonera A-16... el carbón bituminoso del tipo que cargaba el Maine había ardido por combustión espontánea." En el mismo libro se encuentra el "Examen de las pruebas técnicas relativas a su destrucción" Appendix A. pp. 107-130. Llevado a cabo por Ib S. Hansen, ingeniero civil y Robert Price, físico investigador e ingeniero químico, donde analizan y exponen su antítesis en detalles minuciosos. No obstante, casi todos los historiadores consideraban y aún aceptan la explosión del acorazado como una "voladura", implicando un acto beligerante. Las presiones de la época, hasta muy entrado este siglo, determinaron erróneamente que la explosión fue producto de una mina o torpedo, sin explicar su procedencia, y conviertiendo el hecho en "un misterio" con connotaciones políticas. Lo que dio motivo a especular sobre la responsabilidad del incidente por parte de españoles, separatistas, o sus cómplices anarquistas. Por otra parte, los escritores marxistas de la Cuba actual lo presentan como un hecho absurdo de "autoagresión", cuando entrando de lleno en el campo de la ficción declaran que, "...la mayoría de sus tripulantes eran negros". La importancia del trabajo de Rickover, por coincidir con la Comisión que nombró España para investigar el accidente a raíz del mismo, fue reconocida por la Editora Naval de Madrid, que tradujo y publicó el libro en 1985 con el título de *Cómo fue hundido el acorazado Maine*. Ver también para información más completa, Cristóbal Robles Muñoz, *1898: Diplomacia y Opinión*. Consejo Superior de Investigaciones Científicas. Madrid, 1991, pp. 6-7.

embajador estadounidense, que se entreviste con Moret y le proponga a España, con el respaldo del gobierno estadounidense, una salida a la crisis cubana .

Y así, el 17 de marzo de 1898 se produce la reunión en Madrid, donde Moret, "impresionado profundamente, reaccionando con visible emoción" a la declaración de Woodford, de que no pensaba que la autonomía era una solución, pregunta: "¿Qué se le ocurre a usted entonces...?" Woodford propone por tanto la compra de Cuba por parte de EE.UU. "al precio que se fijara". Moret decide consultar la propuesta con María Cristina, y la regente, indignada por el planteamiento estadounidense, responde con una negativa.[5]

Pío Gullón por órdenes de Sagasta trata de ganar tiempo y así se lo hace saber a Luis Polo de Bernabé, el nuevo representante diplomático español en Washington. Se produce entonces una gestión que surge del Vaticano, a través del Secretario de Estado, el cardenal Mariano Rampolla. El origen de dicha gestión no está completamente aclarada, pero la proposición de paz del Vaticano, o mejor, la "mediación", consistía en tres puntos claves para terminar con la crisis. Permitir que EE.UU. ayudara con alimentos a los reconcentrados, que los insurrectos "solicitaran un armisticio", al cual España accedería, y por último, que EE.UU. retirara los buques de guerra en las aguas cercanas a Cuba.

MacKinley aceptó en principio y con reservas la "mediación" de Rampolla a la que León XIII le había concedido la bendición papal. Sin embargo, esta solución a la crisis fue denunciada en España por casi toda la prensa como otra ofensa al "honor nacional", a pesar de que tanto María Cristina como Sagasta la aceptaron como una mediación conciliadora por parte del Vaticano. Los separatistas se mantuvieron en silencio. Finalmente, forzado y contra la pared, Sagasta le concede a los insurrectos un armisticio unilateral, con la remota esperanza de que éstos se acogieran a

---

[5] Fernández Almagro, *op cit.*, p. 58.

la "mediación" vaticana, salvando de este modo, el "honor de España", pues era León XIII quien lo pedía.[6]

MacKinley, a través de Woodford, propone "hasta el primero de octubre, durante (el tiempo comprendido hasta esa fecha) se negociaría la paz entre España y los insurrectos, a cuyo fin, MacKinley interpondría sus 'amistosos oficios' ".[7] En España ya nadie aceptaba la "Mediación" de León XIII y la opinión pública, los políticos, los militares, los carlistas, los "patrioteros" y la mayoría de la prensa, pedía a gritos la guerra contra EE.UU. La ceguera política había creado una situación de locura popular generalizada, y el débil Sagasta se dejaba arrastrar por la corriente. La diplomacia española era la única que parecía haber podido conservar la cordura y esto resultó muy útil en los oscuros días del otoño que se avecinaba.

En Washington la primavera política de 1898 resulta calurosa. El 9 de abril, según recopila Robles Muñoz, el embajador español Polo de Bernabé recibe noticias del Departamento de Estado por el que se le comunica que la administración estadounidense, "...telegrafió a Tomás Estrada Palma, el delegado del Partido Revolucionario Cubano en Nueva York, para obligarlo por diferentes medios, a que los insurgentes aceptaran la tregua".[8]

Por su parte, los insurrectos dentro de Cuba, silenciosos hasta esos momentos, respondieron:

El Gobierno de la República de Cuba declara que la suspensión de hostilidades ordenada por el jefe del ejército español redunda en su provecho, ya que se ha dispuesto sin siquiera oírnos a nosotros...Y por lo tanto, esta medida no altera en nada la situación de las fuerzas cubanas, ni afecta de manera absoluta la hostilidad contra el gobierno de España....[9]

Por su parte, MacKinley, en el histórico y largo mensaje al

---

[6] Robles Muñoz, *op cit.*, pp. 51-85.
[7] Fernández Almagro, *op cit.*, p. 61.
[8] Robles Muñoz, *op cit.*, p. 94, nota 32.
[9] José Duarte Oropesa. *Historiología cubana,* tomo I, Edic. Universal, Miami. 1989, p. 366.

Congreso el 11 de abril, le pide a los congresistas que se adopten medidas para que se establezca en Cuba "...un gobierno estable capaz de mantener el orden y de cumplir con sus obligaciones internacionales...". Más adelante, requería la autorización y la obtención de poderes para, "utilizar las fuerzas militares y navales de EE.UU. para dichos fines". MacKinley dejaba entreabierta una ventana diplomática, en el remoto caso de que España renunciara voluntariamente a la posesión de Cuba, recomendando:

> ...que no era 'sabio ni prudente' reconocer a la 'denominada República Cubana'. Era un límite a la intervención, que debería efectuarse de acuerdo con ese gobierno, cuyo reconocimiento no se postulaba, ya que no reunía las condiciones exigibles en el derecho internacional.[10]

El día 16 de abril de 1897, el Congreso aprobó y concedió a MacKinley todo lo recabado por el Ejecutivo, por mayoría senatorial, y la Cámara hizo otro tanto. Ese mismo día también se aprobó la *Joint Resolution*, o la "Resolución Conjunta" por la que, "Cuba es y de derecho debe ser libre e independiente". Este acto mayoritario de los cuerpos legislativos, a petición del Ejecutivo, fue recibido con júbilo por parte de los separatistas, tanto en la emigración como en la manigua. Era, aparentemente, para los insurrectos, un triunfo para su causa. Al mismo tiempo que sutilmente el Gobierno de Washington rompía cualquier arreglo que quisieran hacer los cubanos con España por su cuenta y riesgo. Se puede considerar seriamente que la *Joint Resolution* era una maniobra pragmática, de carácter temporal y de orden táctico, de acuerdo con las circunstancias del momento, con el objeto de tranquilizar algunas objeciones desde el campo separatista, por parte de algunos patriotas avezados, y de los elementos antiimperialistas dentro de EE.UU. que se negaban rotundamente a la invasión o la anexión de Cuba.

---

[10] Robles Muñoz, *op cit.*, p. 88.

El hecho indiscutible de que no se hubiese reconocido por parte de Washington al movimiento separatista o a su Gobierno en Armas como una entidad política, con jurisdicción y soberanía, tal como lo habían propuesto los insurrectos cuando comenzaron las hostilidades contra España en 1895 y confirmado en dos Asambleas dentro de Cuba, se convertía en una maniobra política de MacKinley. En otras palabras, el reconocimiento oficial de la República de Cuba por parte de EE.UU. no se hacía posible. Esta acción de los estadounidenses, no pareció preocupar mucho a los separatistas en medio de su alegría dadas las condiciones en que se encontraban. Hecho comprensible, si nos situamos en aquella época. Sin embargo, la política de ignorar al Gobierno en Armas dentro de Cuba, como una entidad legal, con plenos derechos y deberes en el campo internacional, tendría consecuencias funestas para el separatismo, una vez concluido el conflicto.

Se propone entonces un intento patético por parte de la diplomacia española para evitar la guerra. Se apela inútilmente a las potencias europeas en busca de simpatías para la causa del "honor" español sin resultados positivos, y sólo se logra una fría y frágil colaboración por parte de las potencias. Solamente el Imperio Austro-Húngaro, por motivos familiares, y el Vaticano, por razones espirituales, gestionaron activamente una solución pacífica. Alfonso Merry del Val, desde Madrid, le ordena a Polo de Bernabé que abandone Washington el 14 de abril. Exactamente una semana después, le entrega a Woodford su pasaporte, a pedido de éste. Se anticipa Merry del Val en dos días a la declaración formal de guerra entre ambos países, aceptando el ultimátum estadounidense el 23 de abril.

El evidente fracaso político de Sagasta, empujado por una presión interior ciega y soberbia y las frustradas gestiones diplomáticas de Segismundo Moret y Merry del Val, condujeron inevitablemente al conflicto bélico con EE.UU. Era preferible una guerra suicida con los estadounidenses que concederle a Cuba la independencia, o al menos entrar en negociaciones con el separatismo armado o proponer un arbitraje internacional con ese propósito. Estimaban los dirigentes españoles que esta derrota política a manos de los cubanos hubiera causado el desplome no sólo del gobierno liberal de Sagasta, sino también el de la dinastía borbónica. Lo cual era otra falacia o, en el mejor de los casos, una apreciación equivocada, como se probó después. Aquella crisis no hubiera ocurrido de estar presente, o con vida, Cánovas del Castillo, el autor y garante de la restauración de la Casa de Borbón en España.

Pero también existía además, en la opinión de casi todos los historiadores españoles que han relatado "el principio del fin", la importante cuestión del "honor español". Según el punto de vista del Gobierno de la Corona, ora liberal, ora conservador, la "cuestión cubana" era un asunto de carácter interno entre España y su colonia antillana, a la cual se le habían otorgado los beneficios de la autonomía, de acuerdo con los tratados internacionales. Para la política española, refiriéndose constantemente al Derecho Internacional, EE.UU. no tenía ningún tipo de jurisdicción sobre un territorio que España había "descubierto, colonizado, poblado y administrado" tres siglos antes de que se formulara la Doctrina Monroe. Cualquier intervención en los asuntos cubanos por parte de EE.UU. por cualquier motivo o razón, sería considerado como una ofensa a la dignidad nacional de España. La guerra con los estadounidenses era por lo tanto "una cuestión de honor", producto de una larga tradición española que no aceptaba un agravio sin dar respuesta. Se trataba de un duelo al estilo medieval.

Habría que preguntarse lo siguiente: ¿Cuando los políticos apelan al "honor nacional" no se estarán refiriendo a sus propios parámetros como gobernantes, su conducta o su credibilidad ante el pueblo? Es significativo por otra parte, que ni España ni las potencias europeas aplicaran el Derecho Internacional de respeto territorial, honor y dignidad a los países africanos y asiáticos en los que intervenían y de los que se apropiaban constantemente. La política colonialista y racista de las potencias no reconocía el honor, el derecho y la soberanía de sociedades menos desarrolladas, las cuales no eran consideradas como "civilizadas". Los cronistas cubanos embargados de un nacionalismo fuera de lugar, nunca han reconocido el hecho de que cuando se produjo la guerra entre EE.UU. y España, en la que quedaban involucrados los separatistas cubanos, estos últimos no eran considerados ni por las potencias europeas, ni por España, ni siquiera por los países del Continente Americano, como una entidad política que mereciera reconocimiento. Ésta fue una triste realidad con la que nadie ha querido enfrentarse, ni mucho menos con sus consecuencias.

Tres meses escasos duraría "La espléndida guerrita" en Cuba. Los estadounidenses después de destruir con facilidad las flotas españolas del Pacífico y del Atlántico, tomar la loma de San Juan y aceptar la rendición española de Santiago de Cuba, dejaron a España inerme. Ésta pidió la paz y se preparó para abandonar a Cuba. El resto de sus posesiones ultramarinas sería motivo de negociaciones futuras. La derrota española fue humillante para la arrogancia de una nación en plena decadencia.

Durante la crisis entre EE.UU. y España, los insurrectos se mantuvieron en sus posiciones militares, avalados por la declaración del 16 de abril, la *Joint Resolution*, la llegada de varias expediciones con armas y pertrechos y las "maniobras" de la flota estadounidense. A pesar de que MacKinley no les reconocía beligerancia, hecho que nunca se produjo, el optimismo era general. El separatismo rechazó apasionadamente los intentos hechos por el gobierno autonomista, primero, y por el mismo general Blanco, después, de un cese de hostilidades y hasta de una alianza con las tropas españolas, frente a los estadounidenses. Los insurgentes, con su determinación característica, llegado el momento de la victoria, se negaron de plano a cualquier entendimiento con el bando enemigo. Tanto Calixto García como Máximo Gómez prometieron fusilar a cualquiera que se presentara a proponer la paz y esto se cumplió en varias ocasiones. Como se puede apreciar, los separatistas, a pesar de sus divisiones internas, tenían una política coherente y consecuente, camino de la independencia.

Firmado el Protocolo de Paz en Washington, por el cual el ejército español debía evacuar la Isla en menos de cinco meses, las tropas españolas se preparan a regresar a España. Tarea digna de cíclopes. Resultaba logísticamente imposible repatriar a casi doscientos mil efectivos armados en tan escaso período de tiempo. España no contaba con naves disponibles para trasladar a tantos soldados en un viaje a través del océano. Se tuvo necesidad de usar barcos estadounidenses para el traslado de combatientes españoles a su lugar de origen. Al término del tiempo establecido, todavía quedaban en Cuba una cantidad considerable de tropas y material de la gran expedición militar a Cuba las cuales, dadas las circunstancias que presentaba el nuevo gobierno de ocupación, decidieron quedarse voluntariamente en la Isla, hecho éste poco conocido que tuvo repercusiones en el futuro de Cuba.

Según la versión de Manuel M. Moreno Fraginals y José J. Moreno Masó, en una reciente investigación que ha sido publicada en Barcelona,

> Entre 1895 y 1898 España realizó el mayor esfuerzo militar jamás llevado a cabo por una potencia colonial: los 220,285 soldados trasladados a Cuba constituyeron el mayor ejército que cruzara el Atlántico...

Más adelante, en el Cuadro XII de esta obra, nos ofrecen un "Balance del periodo 1887–1899" de "Militares españoles enviados a Cuba y regresados a España", por el cual, de un total de 345,968 soldados transportados a la Isla, no regresaron a la Península 199,285, o sea, un 57.6 por ciento, que incluía a "soldados, jefes y oficiales". Moreno Fraginals y Moreno Masó nos advierten de que en la cifra de los que "no regresan" habría que incluir el saldo de muertes, desaparecidos y deserciones" por lo que tenemos que llegar a concluir que, conservadoramente, las dos terceras partes de las cifras incluidas en la columna de los que "no regresan", a más de 100,000 soldados y oficiales españoles que no pudieron o no quisieron ser repatriados a España y se quedaron en Cuba.[11]

El Partido Unión Constitucional, formado por el integrismo español en Cuba, rico y poderoso, que apoyó sin reservas ni temores a Valeriano Weyler, que atacó sin descanso al autonomismo, y propició disturbios, se encontraban ahora, después de la derrota de España, en una situación grave y difícil. La pérdida de la soberanía española sobre Cuba fue un duro golpe para su soberbia, al mismo tiempo que le presentaba una incertidumbre económica sobre el futuro cercano. Todo lo cual fue examinado y analizado por estos caciques de la industria y el comercio, siempre en busca de protección para sus intereses mercantilistas. Se apresuraron a exigirle a la Corona que, de alguna forma, fueran garantizadas sus enormes inversiones, negocios, comercios, propiedades y posesiones en Cuba. Temían, con razón justificada, que los separatistas victoriosos les cobraran las cuentas pendientes de cien años de rencores, que incluían los aplausos y los brindis hechos en honor a España, y su completa solidaridad con los actos criminales de Weyler, en favor del exterminio total de los rebeldes y hasta de una parte de la población civil.

Los temores integristas eran válidos si se tiene en cuenta que durante las dos guerras por la independencia, el gobierno español, dictó "Bandos" de expropiación contra todos los cubanos que participaron al lado del separatismo, y las propiedades de dichos cubanos pasaron a posesión del gobierno colonial o de particulares, en muchos casos de integristas furibundos. Era de esperar que un gobierno separatista, en justo desquite, les reciprocara el gesto.

Por su parte, los autonomistas —que representaban la responsabilidad política de España en Cuba—, por ser el gobierno breve y de facto, procuraron también el amparo del gobierno de Madrid. Ambas gestiones, la económica y la política, encontraron eco en la Península. Esta maniobra se

[11] Manuel R. Moreno Fraginals y José J. Moreno Masó, *Guerra, migración y muerte. (El ejército español en Cuba como vía migratoria)*. Ediciones Jucar. Barcelona. 1993, pp. 127 y 136.

convirtió en un logro importante. El gobierno funerario de Sagasta empezó a usar sus excelentes vías diplomáticas con Washington para mantener la presencia de estos dos factores esenciales cuando se negociase la firma del tratado oficial de paz, en el otoño de París. Los estadounidenses por su parte, durante y después de la guerra, cambiaron de opinión sobre el carácter y comportamiento de españoles y cubanos, inclinándose en varias ocasiones por los primeros, a fin de facilitar la transición de un poder a otro. Con el pragmatismo y la experiencia de su política exterior, Washington, después de una corta guerra con España, de haberse apropiado por el derecho de conquista de los restos del imperio español, se dispuso a hacer algunas concesiones convenientes. A los separatistas, mientras tanto, se les requería cordura y paciencia. Se les trataba como a menores levantiscos.

Entendían además los estadounidenses, del odio entre españoles y cubanos, conscientes de ser ellos los jueces y responsables del futuro gobierno de Cuba, fuera por ocupación temporal, anexión definitiva o legado tutelar. Convertidos por el destino en garantes de la vida y la hacienda de ex integristas y ex autonomistas, consideraron que estos elementos de la sociedad colonial, hasta ayer ajenos o francamente enemigos, podrían mañana convertirse en útiles aliados para cualquiera de sus planes futuros. Para poder preservar la "paz y la prosperidad", Washington aceptó un arreglo con estos grupos poderosos de antiseparatistas. Sin duda, su alianza y cooperación ayudarían a solucionar el caos social, político, económico y hasta racial que probablemente se presentaría. Habría que agregar también a este escenario, la importancia que para Washington tenían sus propios intereses económicos en Cuba, los habidos y los por haber, los cuales, sin la cooperación interesada de peninsulares o reformistas y la alianza política con los separatistas, no prosperarían adecuadamente conforme con sus planes imperialistas. Se produjo el caso peculiar de que hasta la Iglesia Católica, hasta ayer por la noche enemiga jurada de los insurrectos, pactó amistosamente con EE.UU. y salió beneficiada económicamente durante la intervención y la ocupación estadounidense.

El separatismo en armas, nunca derrotado por España, quedó de pronto en una situación peculiarísima. Sus nuevos aliados estadounidenses, quienes habían ayudado con efectividad y valor para hacer más rápida y menos sangrienta la victoria, en desembarcos y batallas, empezaron a olvidarse de sus promesas y a condicionar su alianza. Notaron los cubanos que se les discriminaba con respecto a sus antiguos enemigos, y en provecho de estos últimos. Preocupados, los separatistas acordaron reunirse en asamblea para replantearse una nueva estrategia a seguir. Las divisiones entre civiles y militares persistían como un mal sin remedio y todos estaban en el deber de discutir y llegar a acuerdos beneficiosos para sus planes comunes.

Coincidiendo con las negociaciones que se estaban llevando a cabo entre EE.UU. y España, los insurrectos se reunieron en el poblado camagüeyano de Santa Cruz el 24 de octubre de 1898. El Consejo de Gobierno, proclamado en la Asamblea de La Yaya y presidido por el general Masó, renunció en pleno. Fueron notables las ausencias de muchos líderes del separatismo, entre ellos Máximo Gómez. Calixto García puso fin a sus discrepancias con Masó y

> La Asamblea, dentro de las limitaciones que le ofrecían sus posibilidades, se propuso tres cosas: licenciar en condiciones óptimas al Ejército Libertador, adquirir carácter de representación ante el gobierno americano y constituir una Comisión Ejecutiva que actuase como gobierno en los territorios ocupados por el Ejército Libertador. Para ello se acordó el nombramiento de una Comisión con el encargo de trasladarse a Washington, formada por Calixto García como su presidente...[12]

Como se puede apreciar, los cubanos fueron lo suficientemente realistas para comprender que el gran elector no estaba ya en Madrid o en el Palacio del Capitán General,

---

[12] Duarte Oropesa, *Op. Cit.*, tomo II, Edic. Universal, Miami. 1974, p. 28.

ahora residía en Washington y en esa dirección caminó el separatismo cubano.

Era obvio que el gobierno de MacKinley, asesorado por el partido imperialista, le había vuelto la espalda a sus aliados, se negaba a reconocer otra entidad que no fuese la militar, en especial a Calixto García, a quien, después de la rendición de Santiago de Cuba, se le había impedido entrar con sus tropas en dicha ciudad, por intrigas españolas, como parte del acuerdo de la entrega de dicha ciudad. El general García, escogido por encima de Máximo Gómez, por motivos de estrategia militar, era ahora el blanco de todo tipo de honores y homenajes por parte de la prensa estadounidense y las autoridades de ocupación. A pesar de esto, Calixto García se quejaba amargamente del trato recibido por el general William Shafter, jefe de la expedición militar estadounidense,

> ...me hizo la formal promesa, [Shafter] que no cumplió, de que juntas entrarían en la ciudad las tropas... Naturalmente indigneme de su conducta y más todavía de que conservara en sus puestos en Santiago de Cuba a las autoridades españolas.[13]

En cuanto al Consejo de Gobierno, o sea la representación política del separatismo, fue totalmente pasada por alto por Washington, lo cual motivó que se produjera la Asamblea de Santa Cruz y la partida de la Comisión que presidía Calixto García hacia la ciudad que se levanta en las márgenes del Potomac. Conque, en vez de estar sentados en París discutiendo el futuro de Cuba, los representantes del separatismo cubano, obligados por circunstancias adversas, se tuvieron que conformar con las promesas de una república por venir. Betances, que pudo leer correctamente las intenciones estadounidenses con respecto a Cuba y Puerto Rico, se evitó este trago amargo y prefirió morirse a ser testigo de este triste final.

Las conferencias preliminares para la firma del tratado de Paz, se iniciaron el primero de octubre en el Quai d'Orsay de

---

[13] *Ibid.*, p. 22.

París. La delegación estadounidense fue presidida por el abogado William R. Day como Secretario de Estado, y Eugenio Montero Ríos, presidente del Senado y también abogado, representó a la Corona española. Montero Ríos fungía como el orador sagrado, designado para despedir el duelo más solemne de la España finisecular y recibir de los estadounidenses el certificado de defunción de los restos de su imperio. Se celebraron largas y dolorosas negociaciones y debates en las cuales no participó ningún cubano, ni siquiera como observador, debido a que como hemos explicado antes, Cuba no tenía representación legal alguna como país, por el hecho de que nunca fue reconocida por EE.UU. y las "naciones civilizadas" como entidad política. En realidad la delegación estadounidense no fue a París con la idea de negociar ningún tratado, sino con la intención de imponer criterios. Sabiéndose en una posición de superioridad, los estadounidenses hacían sus proposiciones con intencionada firmeza al mismo tiempo que rechazaban las propuestas de la delegación de España. En relación con Cuba, los representantes españoles consideraban que la anexión de la Isla a EE.UU. era lo más conveniente para sus habitantes. Los estadounidenses, por su parte, que no tenían todavía una política definida con respecto al futuro de Cuba, se negaron a pagar la llamada "deuda cubana" reclamada por España y que consistía en cerca de 400 millones de dólares, como una compensación por las inversiones gubernamentales hechas en Cuba desde 1886. La negativa estadounidense fue protestada enérgicamente por la delegación de España, pero fueron rechazadas de nuevo por los representantes de EE.UU. pues según la versión de éstos, la "deuda cubana" habían sido inversiones hechas por el Estado español con el objeto de sofocar la rebelión separatista. El gobierno de España pagaba así por sus errores y finalmente tuvo que someterse, bajo protesta, a la ley de los vencedores.

Y fue de esta manera, que después de negociar y discutir en París, los representantes de EE.UU. y España firmaron el 10 de diciembre de 1898 el Tratado de París, en virtud del cual y conforme con el artículo noveno, a todos los españoles residentes en Cuba se les respetaba y garantizaba su seguridad personal y sus propiedades. Conforme al artículo dieciséis se especifica claramente que el futuro gobierno independiente de Cuba respetará "las mismas obligaciones". Es bien sabido que los separatistas cubanos no participaron en la firma de dicho Tratado y que "ni siquiera se menciona al Ejército Libertador ni se refiere en la más mínima forma a la lucha por la independencia...". Relata también Duarte Oropesa que dicho Tratado,

> ...no contiene ningún punto que se refiera a los derechos del pueblo cubano en armas a hacer una revolución en el poder, a castigar criminales de guerra, a confiscar riquezas ilegítimamente adquiridas al amparo de cargos gubernamentales, ni a afectar reformas económicas, educativas y sociales.[14]

En otras palabras, los cubanos quedaban al margen de las negociaciones y por ende de los acontecimientos. Condicionados por su comportamiento futuro e inmediato, recibirían o no la deseada independencia, por la cual habían luchado tantos años. Si los elementos antiseparatistas habían navegado con sorprendente éxito en aguas turbulentas, beneficiados por la situación desastrosa de la Isla y sus lazos con España, los separatistas, carentes de una diplomacia imaginativa, o al menos que en esos momentos actuara coherentemente de acuerdo con los principios iniciales de la revolución de Martí, quedaron en desventaja. Hay que agregar que contra los insurrectos se combinaban además el cansancio y una situación económica precaria. El Consejo de Gobierno que representaba a la República en Armas tampoco estuvo a la altura de las circunstancias. La evidente falta de figuras políticas capaces de poder vencer las dificultades, las trampas y hasta las manipulaciones, en una transición con rumbo a

---

[14] *Ibid.* p. 31.

una independencia sin soberanía, fue notable. Los cubanos de la insurrección ganaban el último conflicto armado y perdían la primera guerra política.

Por su parte, las alternativas que proponía Washington para Cuba, debatiéndose entre la anexión o la independencia tutelada, consistían en la ocupación militar de Cuba por un tiempo "prudencial y necesario", hasta que en EE.UU. fuera posible tomar una decisión al respecto. Por supuesto, el futuro dependería de la actitud que tomasen los cubanos en este tiempo de adaptación; de su cooperación o ayuda y de su comportamiento en relación con sus enemigos de ayer, integristas y autonomistas, quienes representaban una mayoría abrumadora con respecto a los separatistas.[15] No debemos olvidar la opinión generalizada en los círculos de poder de EE.UU., lo cual fue resumida sincera y honestamente por el embajador Woodford a Moret, en cuanto a que el separatismo carecía de un ingrediente muy necesario, para ser una república efectiva, "cultura política", es decir, cómo saber gobernar y gobernarse. Esto significaba para Washington la búsqueda de un camino hacia una evolución pacífica y con solidez económica, camino de algún tipo de *self goverment* que satisfaciera a todos los factores dentro de un marco de paz social y racial.

Debe tenerse presente que el separatismo cubano no contaba con dinero suficiente al terminar el conflicto, ni siquiera fondos para pagar una cantidad mínima a sus

---

[15] El censo de 1899 es elocuente al respecto. En Cuba sobrevivieron la guerra 1,500,000 personas. Las cifras relacionadas con los separatistas dentro y fuera de Cuba ascienden aproximadamente a 150,000, cantidad más que elevada, aunque fuese duplicada debido a las simpatías de muchos cubanos por el triunfo del separatismo. La idea de una república independiente estaba representada en menos de la tercera parte de la población. Lo que indica con claridad, que el ideal separatista se encontraba en franca minoría en relación con integristas y autonomistas, a los cuales se agregó el remanente de soldados españoles, considerados dentro del censo que hicieron las autoridades de ocupación. Por las razones antes explicadas, estos soldados no pudieron ser repatriados y la mayoría de ellos se convirtieron legalmente en ciudadanos cubanos.

propias tropas. Esta situación de penuria fue un factor de importancia ante un futuro incierto, al encontrarse sus arcas vacías. El Consejo de Gobierno, la Junta de Nueva York, o los elementos militares, se encontraron en una posición desventajosa con respecto a sus antiguos y todavía poderosos enemigos, quienes empezaron a usar su dinero en ganar influencias, tanto dentro como fuera de Cuba.

Finalmente, el primero de enero de 1899 las últimas banderas españolas fueron arriadas y se hizo entrega oficial de los restos finales del imperio colonial de España en América y Asia, por los representantes de la Corona española, al gobierno de EE.UU. La administración civil, en manos de las autoridades autonomistas, también hizo entrega de sus poderes. Los estadounidenses, cautelosos, mantuvieron dentro del nuevo gobierno interventor a uno de los representantes más notables y grandilocuentes del autonomismo, Rafael Montoro. Y es también cierto que algunos elementos minoritarios, procedentes del campo separatista ocuparon los primeros cargos en este nuevo sistema que gobernaría a Cuba.

Esa noche se apagaron para siempre en Madrid los reflejos de un sol imperial que con sus luces había impuesto su idioma, su religión, su gobierno, su cultura y sus costumbres en Cuba, Puerto Rico y las Filipinas por cuatrocientos años.

EPÍLOGO

De repente el destino de Cuba pasó a ser una cuestión estadounidense. El indeciso MacKinley, después de tener en cuenta la proposición anexionista que emanaba del partido imperialista; la posición de los elementos antimperialistas que se oponían con firmeza a la posesión definitiva de la Isla; de consultar con Elihu Root y monologar con la Divina Providencia, decidió concederle a los cubanos una independencia *sui generis*, tutelada y vigilada. Puerto Rico, algunas remotas islas en el Pacífico y Las Filipinas fueron ocupadas indefinidamente. La agenda imperialista continuó en ascenso en las primeras décadas del siglo. EE.UU. provoca un conflicto con Colombia (1903), y crea una "república" en el Istmo de Panamá con el objeto de construir un canal transoceánico. Convertidos ya en una potencia bélica, intervienen en Cuba de nuevo (1906), en Honduras (1907), en Nicaragua (1910-1912), en México (1914), en Haití (1915-1934), y en la República Dominicana (1916-1924), ejercen dominio territorial sobre la Bahía de Guantánamo en Cuba y desde ese enclave controlan el Mar Caribe.

Victoriosos en dos guerras mundiales en 1918 y en 1945, devienen en un imperio global como no lo había contemplado antes la humanidad. Al terminar la llamada Guerra Fría frente a la Unión Soviética en 1991, EE.UU., a pesar de la crisis económica que tiene delante, es sin duda la súperpotencia militar y política de más influencia mundial y se encuentra a la cabeza de los países desarrollados. Su determinismo imperial es capaz de dictarle al universo el Nuevo Orden Mundial, como una versión moderna de la *Pax Americana*. Con su poderío colosal ha cambiado las estructuras de todo el planeta.

España, en su ocaso, quedó sumida en una larga noche de pesadillas recurrentes. Necesitó después del "desastre" de 1898, casi un siglo para recuperarse y lograr un nivel que todavía no iguala con los demás países europeos. Su política colonial continuó sin embargo, aunque con más modestia, en el norte de África. El "canovismo" no cesó con la desaparición de Cánovas y duró hasta la dictadura del general Miguel Primo de Rivera el 3 de septiembre de 1923. El triste espectáculo de una nación arruinada y carente de visión y destino político, se mantuvo por décadas; las cuestiones agrarias, sociales y políticas no parecían tener solución. España en la década del 30 continuaba con las mismas estructuras, instituciones y sociedades del siglo anterior.

La Segunda República fue proclamada popularmente el 14 de abril de 1933, y el heredero de María Cristina, Alfonso XIII, que había ascendido al trono el mismo año de la declaración de independencia en Cuba, renunció al trono. La guerra civil estalló en 1936 al fracasar el "pronunciamiento" de los generales Emilio Mola y José Sanjurjo, y, finalmente, después de un sangriento conflicto entre los bandos republicanos y nacionales, en 1939 el general Francisco Franco, victorioso en la guerra contra la República, gobernó autoritariamente a España por 36 penosos años. A la muerte de Franco, la dinastía borbónica retornó al trono al frente de un gobierno constitucional y asambleario. España hoy, después de tantas décadas a la zaga de Europa, comienza una nueva etapa en su larga y trágica historia.

Cuba recibió del Gobierno estadounidense una independencia mediatizada y comprometida política, social y económicamente. No era precisamente la república por la que los patriotas separatistas habían luchado durante tres décadas. Por presiones del Gobierno Interventor, con órdenes de Washington, los cubanos tuvieron que condicionar la independencia a la imposición obligatoria de la conocida Enmienda Platt, la que fue incluida en la Constitución del 21 de febrero de 1901, *causa sine qua non*. Siguiendo los parámetros del Tratado de París entre EE.UU y España, las posesiones y propiedades españolas y su usufructo serían respetadas por el nuevo gobierno republicano. De esta manera y de acuerdo con dicha Constitución, el gobierno de Washington se reservaba el derecho de intervenir en Cuba cuando lo estimara conveniente, protegiendo sus intereses comerciales o económicos y garantizando los de España. La Enmienda Platt fue una elucubración astuta de Elihu Root, otro abogado de Nueva York y Secretario de la Guerra en el gabinete de MacKinley. Root encontró la fórmula indicada para satisfacer a todas las partes en litigio, con excepción por supuesto, de muchos cubanos separatistas. De manera sagaz, los componentes del partido imperialista quedaron satisfechos, pues, eventualmente, los mismos cubanos pedirían en pocos años la anexión; los antimperialistas aceptaron gustosos y, como era de esperar, el devoto MacKinley, después de otro monólogo con la Providencia, bendijo la idea. La Enmienda Platt creó entre los patriotas cubanos en particular y en el pueblo en general un estado de frustración que se desarrolló en el devenir de los años en una mentalidad inferiorizada y pesimista. La decisión estadounidense fue aplaudida, aceptada y cumplida por todos los elementos antiseparatistas que unos meses antes se encontraban en una situación desesperada.

Las fuentes de la Enmienda Platt se encuentran sin duda en las maniobras autonomistas e integristas, aliadas al partido imperialista estadounidense a partir de la derrota de España en agosto de 1898. Los separatistas tuvieron que aceptar la imposición de dicha Enmienda en su Constitución, después de ser discutida y aprobada en una Asamblea Constituyente en 1901, como la condición indispensable para poder establecer una república. Esta etapa se inicia el 20 de mayo de 1902 y es conocida como la Primera República. Ésta se caracterizó por su intolerancia en el campo laboral; la venalidad de sus presidentes; la autoridad de sus caudillos y la injerencia norteamericana, que intervino por segunda vez en Cuba en 1906, por un conato de guerra civil. Los gobernantes cubanos nunca entendieron el gran problema social que padecía el país. Su economía se debatía entre "vacas gordas y vacas flacas", dependiendo del precio del azúcar en el mercado mundial. En la política local dominaban la escena dos partidos mayoritarios, el Liberal y el Conservador, una especie de "canovismo" insular. El poder comercial e industrial se mantuvo en manos de estadounidenses y españoles, el desempleo fue en muchos casos el constante aliado de la triste miseria de todo un país con recursos naturales inmensos y una población relativamente pequeña.

La llamada "Revolución de 1933" trató de corregir en sus inicios los errores del pasado. Se logró la abolición nominal de la Enmienda Platt en 1934 y más adelante se firmó con EE.UU. un Tratado de Reciprocidad de índole comercial que dejaba atada la economía de Cuba a la de EE.UU. Quizás lo más importante de este período fueron la toma de conciencia de los problemas sociales y laborales y las medidas iniciales en favor de las clases sociales menos afortunadas. En 1940 se inauguró otro período conocido como la Segunda República, con una flamante y moderna Constitución que en los años por venir nunca se cumplió cabalmente. La Segunda Guerra Mundial hizo subir el precio del azúcar en el mercado mundial, el mismo producto que había sostenido a la economía cubana desde principios del siglo XIX. Una prosperidad relativa y temporal echó raíces. En lo político, continuó el bipartidismo. Al perder sus influencias Liberales y Conservadores, fueron suplantados por Auténticos y Ortodoxos, ambos procedentes de la "Revolución de 1933".

La influencia estadounidense y española persistía en el campo económico. Cuba no acababa de convertirse en un país completamente soberano en cuanto a poder determinar en forma independiente y libre su destino agrícola, comercial e industrial. El 10 de marzo de 1952 se produce una asonada militar y Fulgencio Batista, ex presidente y figura que también provenía de la "Revolución de 1933" se apodera del poder y quiebra el sistema constitucional. Este hecho crea una confusión entre los elementos oposicionistas al gobierno anterior, cercanas ya unas elecciones presidenciales. En 1956, y debido al vacío político, el país se encamina a un enfrentamiento armado entre los grupos guerrilleros que operan en zonas montañosas de la Isla y el ejército de Batista. Ya para 1959, Fidel Castro, en su papel de caudillo supremo y con mejor organización que los otros grupos guerrilleros, toma el poder y declara a Cuba un "Estado Revolucionario".

En 1961 Castro se declara "marxista-leninista" confiscando y estatalizando todas las grandes propiedades extranjeras y domésticas, liquidando así todo su poder económico. Cuba comienza entonces un período que ha durado por más de tres décadas y ha descendido en todos los aspectos al séptimo círculo de un infierno peculiar dentro del que se han desatado todos los demonios ocultos de la Isla. Cuba hoy presenta situaciones alarmantes y deplorables debido al gobierno totalitario que padece y al desplome de la Unión Soviética como potencia mundial, la que con otra política de corte injerencista sostuvo a la economía cubana hasta finales de la Guerra Fría. El futuro de la Isla no puede ser más desalentador, a pesar de sus riquezas naturales y la fertilidad de su suelo.

Se puede afirmar con certeza que la lucha por la libertad y la independencia todavía continúan y es una prolongación histórica del proceso iniciado a mediados del siglo pasado.

Puerto Rico no llegó a obtener de Sagasta la autonomía, pues la guerra con EE.UU. precipitó los acontecimientos y fue cedida por España a los estadounidenses en el Tratado de París, e intervenida militarmente hasta la evacuación de las tropas españolas en 1900. Una Ley del Congreso de Washington declara a Puerto Rico bajo una ocupación de carácter administrativo, con un gobernador a la cabeza nombrado por el presidente estadounidense. Esta situación política duró hasta 1952, cuando después de aprobarse una Constitución y a través de un plebiscito, se declara a Puerto Rico como un Estado Libre Asociado, condición ambigua que no responde a su realidad histórica, política, social o cultural. En la actualidad se debaten en Puerto Rico dos opciones, independencia y estatismo, dos interpretaciones más consecuentes. En un referéndum reciente, la mayoría de los puertorriqueños optó por la continuación del Estado Libre Asociado, camino del estatismo, una forma legal de anexión a EE.UU.

La derrota de la Flota española en Cavite, frente a Manila, decidió la suerte de un archipiélago de más de 7,100 islas en el Pacífico, y que habían sido parte del imperio español en Asia desde 1521. La paz firmada en Byac-na-Bató fue efectiva hasta el retorno de Emilio Aguinaldo, el 19 de mayo de 1898, el que declara la independencia de España el 12 de junio del mismo año. En noviembre se proclama una república. Es el primer sistema republicano en el continente asiático. Aguinaldo asume la presidencia, formando un gabinete de gobierno que incluye a Apolinario Mabini y Pardo de Tavera, sin los parabienes de Washington. Como los cubanos, y a pesar de las promesas del Comodoro Dewey, no fue tenido en cuenta por sus aliados después de la victoria. En febrero de 1899, como consecuencia natural, surge el inevitable conflicto entre las recién llegadas tropas de ocupación estadounidenses y los separatistas filipinos, las primeras con una notable superioridad en tecnología bélica, y los segundos divididos racial y políticamente. En noviembre de 1899 la rebelión ha sido contenida por las tropas norteamericanas, después de sangrientos combates. Pero no es hasta la captura de Aguinaldo en 1902 en que la lucha independentista filipina queda controlada por EE.UU.

La guerra no declarada entre los insurrectos de Aguinaldo y las tropas de ocupación estadounidenses se prolongó por tres años. Estos últimos desarrollaron una guerra de exterminio contra la población nativa que ocasionó miles de bajas. Se repetían en Las Filipinas las mismas tácticas de terror aplicadas en Cuba por Valeriano Weyler. Las órdenes que tenían los oficiales estadounidenses eran las de fusilar a cualquier insurgente "mayor de diez años". Las protestas de los antiimperialistas llegaron tarde, cuando ya había terminado el conflicto. Cálculos conservadores indican la muerte de cerca de 200,000 filipinos a causa del hambre y las enfermedades. Los rebeldes sufrieron en combate más de 16,000 muertos. Las tropas estadounidenses sumaron un total de 126,000 efectivos, de los cuales 4,234 cayeron en combate o producto de las enfermedades. El costo de tres años de una guerra colonialista no declarada fue superior a la sostenida contra España y ascendió a 400 millones de dólares.

Con el mismo status de Puerto Rico, las Filipinas se convierte en otra administración dirigida por un Procónsul designado por Washington. La situación política cambió en 1940 cuando se le concedió al pueblo filipino una autonomía limitada, la *Commonwealth,* camino de una independencia prometida. La invasión y ocupación japonesa, en diciembre de 1941, demoró el proceso autonómico y finalmente en 1946, terminada la Segunda Guerra Mundial, en la que los filipinos participaron activamente a favor de los norteamericanos, Washington le concede la independencia a las Filipinas.

El magnicidio de Cánovas del Castillo, a manos de Angiolillo, cambió por completo toda la panorámica española a fines de 1897. Como hemos podido apreciar, España estaba dirigida por un gobierno incapaz e inoperante, que nunca pudo controlar la situación cubana y menos formular una política internacional y una diplomacia inteligente en relación con EE.UU., dejándose arrastrar a una guerra que no podía ganar, y en búsqueda de una paz que no podía lograr y, finalmente, evitar el desmembramiento de las posesiones españolas en ultramar. A nuestro entender, la muerte violenta del jefe del Gobierno español en Santa Águeda cambió el destino de cinco pueblos y fue el comienzo del expansionismo estadounidense fuera de sus fronteras naturales. Es difícil concebir que el colapso colonial español se produjera en las circunstancias tan dramáticas en que ocurrió, si Cánovas del Castillo hubiera estado con vida.

A pesar de algunas opiniones contrarias al respecto, la guerra entre cubanos separatistas y el gobierno colonial español fue de orden político, con la meta por parte de los separatistas de obtener la independencia. No se puede negar que influyeron factores sociales y raciales en la guerra de Cuba, pero éstos fueron de naturaleza secundaria. La guerra social que había estallado en Europa y EE.UU., producto de la lucha de clases, no pareció afectar ni la organización, ni el desarrollo, ni el desenlace del conflicto, por parte de ambos bandos. Con respecto a un supuesto enfrentamiento racial entre cubanos y españoles, en favor de España combatieron activamente los llamados guerrilleros, la mayoría de los cuales eran negros. Lo mismo pasaba en el campo insurrecto. Hubo españoles que pelearon con las armas en la mano por la independencia, al igual que hubo cubanos blancos que defendieron a España desde el Cuerpo de Voluntarios. En la emigración de la Florida, fueron los obreros tabacaleros los que iniciaron, financiaron y sostuvieron la guerra con sus magros salarios. Y también el separatismo recolectó fondos entre los españoles adinerados dueños de las fábricas de tabaco en Tampa y Cayo Hueso. Cubanos poderosos en Francia y España sufragaban el autonomismo y el separatismo al mismo tiempo. Hemos visto como republicanos federales y anarquistas españoles apoyaban sin reservas la causa de la independencia.

En cuanto a estos últimos y sus corrientes de ideas, se puede declarar con seguridad que fueron acosados y casi exterminados en los tres países de que se ocupa esta obra. Los ácratas que dentro y fuera de Cuba estuvieron involucrados durante el conflicto en favor de la independencia fueron perseguidos al finalizar la guerra. La mística que habían creado con su culto individual a la muerte, con atentados exitosos contra los que ellos entendían como enemigos de la humanidad, trajo como consecuencia inevitable que todos los gobiernos tomaran medidas represivas contra aquellos que practicaban las ideas anarquistas, por muy educativas o pacíficas que éstas fueran.

En EE.UU. se declaró a los ácratas ilegales y se promulgaron leyes en su contra. Se violaron sus derechos ciudadanos y fueron deportados, encarcelados, reducidos por la violencia y asesinados. En España, a pesar de la represión de principios del siglo, mantuvieron una actitud heroica durante la dictadura de Primo de Rivera. La Segunda República española no los trató mucho mejor. En la Guerra Civil de 1936 los anarquistas fueron capaces de realizar una revolución social en las provincias que quedaron bajo su influencia. Franco los encarceló y los fusiló durante y después de la guerra. Pasada la larga noche totalitaria, los ácratas han resucitado y todavía en nuestros días tienen relativa vigencia en el campo laboral.

En Cuba se mantuvieron con firmeza frente a dos intervenciones estadounidenses, durante las dos repúblicas y contra el actual sistema impuesto en la Isla por Fidel Castro. A pesar de la contribución libertaria a la causa del separatismo, los anarquistas fueron perseguidos, deportados y asesinados. Lo que prueba que el agradecimiento no es una virtud que abunda mucho entre los cubanos. Hasta nuestros días se han opuesto a caudillos, dictadores, tiranos, presidentes y déspotas, que en verdad nunca han escaseado entre los cubanos. Los libertarios en Cuba siempre se encontraron en lo que se entiende como "el lado correcto de la historia". Mantuvieron luchas sociales, huelgas generales, campañas periodísticas, y boicots para mejorar las condiciones de vida de los trabajadores y campesinos cubanos. Intentaron colectividades agropecuarias; fueron fundadores de cooperativas cafetaleras; y organizadores sindicales primigenios del movimiento obrero cubano. Casi extinguidos, todavía persisten y no creemos que desaparezcan para siempre.

Con referencia al elenco de algunos de los personajes mencionados en esta obra, MacKinley murió a manos de León Czolgosz, un obrero estadounidense de ascendencia polaca quien fue acusado por la policía de Buffalo de anarquista. Czolgosz, en la eterna fatalidad del magnicida, había sido denunciado a su vez con anterioridad al hecho por un periódico anarquista de Chicago como un "agente provocador" al servicio de la policía. Se podría establecer un paralelo entre Czolgosz y Angiolillo en el caso de que el primero hubiera sido un anarquista de "la propaganda por el hecho". Mientras Angiolillo cambiaba inconscientemente la Historia, León Czolgosz cambiaba a un presidente. El acto de Angiolillo sólo es comparable con el atentado producido en Sarajevo contra el archiduque y heredero de la corona,

Francisco Fernando, a manos de Gavrilo Princip, que provocó en 1914 la Primera Guerra Mundial. Theodore Roosevelt, que fungía como vicepresidente, uno de los miembros más destacados del partido imperialista, sustituyó a William MacKinley como primer magistrado y consolidó en sus años de gobierno la influencia política de la tendencia expansionista

Práxedes Mateo Sagasta feneció tranquilamente en su cama en 1903 producto de los achaques, a la edad provecta de 78 años. Sus familiares heredaron un fortuna sustancial. Como se podrá apreciar, el autor de la frase famosa "gastar la última peseta y dar hasta la última gota de sangre de sus hijos" para mantener la soberanía de España sobre Cuba, no pereció en combate, ni ninguno de su familia tampoco murió en la pobreza.

José Canalejas y Méndez, después de una brillante carrera política, tuvo adversa fortuna. En 1912 se encontró en el camino de otra bala anarquista. Canalejas, que era un hombre ilustrado y no de lo peor de la política española, fue alcanzado por los disparos de Miguel Pardiñas frente a una librería madrileña. Pardiñas, que terminó su vida suicidándose, procedía de La Habana y se trasladó a España con el propósito de eliminar a Canalejas de la escena política.

En cuanto al general Valeriano Weyler, militar brutalizado, al parecer conocía sus limitaciones en el campo político. Nunca se inmiscuyó en el debate electoral, a pesar de las numerosas instancias que le hicieron al respecto. Escribió sus memorias ya retirado de su alto cargo militar, recibió buenas rentas y fue ennoblecido por la Corona con el título de Marqués de Tenerife. Algunas estatuas fueron levantadas en su honor, y murió de viejo en 1930.

En el campo separatista, Antonio Maceo, como ya hemos escrito cayó en 1896 de una bala de máuser español. José Martí, había muerto con anterioridad, el 19 de mayo de 1895 a manos de un cubano, Antonio Oliva, práctico de guerrillas a las órdenes del coronel José Ximénez Sandoval, en Dos Ríos. Máximo Gómez fue más afortunado y pudo ser testigo, después de treinta años de luchar contra España, de izar la bandera cubana en el Palacio de los Capitanes Generales en 1902. La actitud de caudillo que asumió en la paz le fue criticada por sus enemigos civilistas que terminaron por hacerlo renunciar. Murió en La Habana en 1905, rodeado de sus amigos y admiradores.

No tuvo Calixto García ese destino, falleció de una pulmonía en Washington a donde había viajado al concluir las hostilidades, en la ya explicada misión que el Consejo de Gobierno le había encomendado ante MacKinley. La misión de García y los delegados era la de evitar por todos los medios el peligro de la anexión de la Isla a EE.UU. y el cumplimiento por parte del gobierno estadounidense de la *Joint Resolution*. Se presentaba ahora el peligro de que España negociara directamente con Washington, y con la idea de proteger sus intereses, le pidiera a los estadounidenses la anexión de Cuba. Esta maniobra por parte del gobierno de Sagasta era una realidad. García desaparece, lo mismo que Cánovas, en un momento decisivo. Patriota de larga trayectoria, Calixto García era el hombre indicado para la presidencia de la futura República y representaba la única baza ganadora con la que contaban los separatistas. Su muerte empeoró aún más la situación de los independentistas con respecto a su precaria influencia en Washington, habiéndose tenido que recurrir a figuras de segundo orden que se tornaron plegadizas e insignificantes.

Ante esta tragedia y después de ser incorporada en la Constitución de 1901 la Enmienda Platt, Tomás Estrada Palma, que actuaba como responsable de la Junta Revolucionaria de Nueva York, asumió la presidencia de la República en 1902, apoyado por Máximo Gómez, al ganar las primeras elecciones en Cuba, por el retraimiento de su contrincante Bartolomé Masó. Estrada Palma murió en 1908, después de pedir con insistencia la segunda intervención estadounidense, al fracasar su reelección presidencial y alzarse en armas la oposición.

Armando André al parecer no siguió los consejos de Estrada Palma con respecto a la violencia. Participó activamente en la política cubana de principios del siglo. Periodista al servicio de la facción conservadora, se caracterizó por la virulencia de sus ataques contra los liberales desde la tribuna, los periódicos o en plena vía pública. André murió asesinado en 1925 por órdenes de Gerardo Machado —que no era muy creyente en la libertad de expresión—, enemigo personal del periodista conservador.

Fernando Tarrida del Mármol continuó desarrollando una carrera ascendente dentro del anarquismo español. Se le puede considerar como a uno de los teóricos más prominentes del ideario ácrata por su fina prosa y la exposición clara de sus ideas. Fue orador ingenioso y apasionado con gran poder dialéctico, sentido del humor y un hombre carente de dogmatismos. Según Rocker, se inicia dentro de las ideas anarquistas en la segunda mitad de la década de 1880, como redactor de la revista *Acracia*, junto con Anselmo Lorenzo, quien le dedica el primer volumen de su obra magna, *El proletariado militante*. Tarrida del Mármol vivió en Londres la mayor parte de su vida, de profesión ingeniero; ejerció su carrera modestamente, fue amigo y confidente de los anarquistas más connotados de su época que vivían su destierro en Londres o que buscaban asilo temporal en dicha ciudad. A pesar de sus inicios en la escuela anarquista de Bakunín, Tarrida cambió de curso ideológico y se acercó más a Pedro Kropotkin, sin embargo, se consideraba "anarquista sin adjetivos". Por su temperamento carente de sectarismo fue también amigo de los republicanos españoles de su tiempo.

Tarrida del Mármol, según apunta correctamente Avrich, es el autor de,

...una nueva teoría, surgida de la fórmula "anarquismo sin adjetivos" ...desarrollados en la última parte del Siglo XIX por dos de los más respetados pensadores del anarquismo español, Ricardo Mella y Fernando Tarrida del Mármol... Tarrida le declara a *La Revolté* (1890) "somos anarquistas y proclamamos la anarquía sin adjetivos. El anarquismo es un axioma; la cuestión económica es secundaria". La negación del dogma y la rigidez de una teoría sistemática, disentía Tarrida, es la esencia principal de una actitud libertaria. Cualquiera de las diferencias habidas, agregaba, entre Proudhon, Bakunin y Kropotkin, todos estaban de acuerdo en la negación del Estado... y poniendo por delante las ideas que en su mayor parte se complementaban en vez de contradecirse.

El debate entre colectivistas, mutualistas, socialistas revolucionarios y comunistas, obligaba a Tarrida a plantear un discurso que aclarara la posición teórica del anarquismo. Estas ideas fueron aceptadas por casi todos los teóricos anarquistas europeos, "en los próximos años, Errico Malatesta adoptó una posición similar al igual que Eliseé Reclus, Max Nettlau y otros prominentes anarquistas.... Nettlau definió las tesis de Tarrida como una concepción no sectaria del anarquismo", termina relatando Avrich.

Cuando se produjo el encarcelamiento de Francisco Ferrer y Guardia, en 1909, acusado de promover en Barcelona una explosión popular antimilitarista, Tarrida inicia otra campaña internacional para tratar inútilmente de salvarle la vida al maestro catalán, que también era su amigo cercano. Ferrer y Guardia es fusilado en Montjuïch el 11 de octubre de 1909, a pesar de los esfuerzos que se hicieron por salvarle la vida. Tarrida cultivó la amistad y el aprecio de casi todos los teóricos anarquistas de Europa y fue reconocido como uno de los pensadores más originales del movimiento libertario. Murió relativamente joven en 1915. Su obra es fuente de información para los interesados en el momento histórico más profundo del anarquismo europeo antes de la Primera Guerra Mundial, y sus ideas aparecieron en anales y crónicas de las cuales fue expectador y participante. Historia que le tocó vivir y sufrir de cerca.

Charles Malato continuó activo dentro del anarquismo. Conspiró en España durante toda su vida y tomó parte activa en la lucha contra la dictadura de Primo de Rivera. Dejó escritas unas memorias, publicadas después de su muerte por un periódico de París en 1938. Francisco Federico Falco logró después de muchas vicisitudes desembarcar en Cuba cuando los estadounidenses habían intervenido en la guerra en la que deseaba participar como médico y combatiente. Conoció a Máximo Gómez por un tiempo y regresó unos meses después a Italia desilusionado por la actitud autoritaria del Generalísimo. Ocupó temporalmente un cargo como Cónsul de Cuba en Nápoles y escribió un libro sobre sus aventuras en la Isla. Murió en 1919.

Luis Bonafoux se dedicó de lleno al periodismo y a la literatura. Fundó *La Campana* en Madrid donde publicaban sus trabajos los anarquistas de la época. Combativo y apasionado, polemizó agriamente con liberales y conservadores. Su defensa de Errico Malatesta, perseguido en Italia por sus ideas, aumentó su popularidad entre los anarquistas europeos, a pesar de que, como su maestro Emilio Zola, sólo sentía compasión por los libertarios. Escribió varias novelas exitosas de principios de siglo y falleció en 1918.

El pueblo de Mondragón en Guipúzcoa ha cambiado bastante en el último siglo. El antiguo y "lujoso" Hotel y Balneario de Santa Águeda, según nos informa el mapa psiquiátrico de Euskadi, quedó convertido en un manicomio para mujeres. "El atentado [a Cánovas] originó graves trastornos en el orden económico a los dueños del balneario, por lo que pusieron éste en venta". El 1 de marzo de 1898 fue comprado por una firma de seguros que en realidad "era representativa de los intereses de la Orden Hospitalaria del Sagrado Corazón...", es decir, la propiedad pasó de manos particulares a posesión eclesiástica por un precio reducido. El 20 de abril de ese año, el gobernador de la provincia aprobó un reglamento para convertir el balneario en un lugar para la "estancia de dementes" con la aprobación y el consentimiento de María Cristina.

Este Hospital Psiquiátrico tuvo varias fases y se amplió desde principios del siglo hasta 1940. En la época de la postguerra civil española y muy probable por su misma causa, se llegó a la cantidad de 1300 "plazas ocupadas". En nuestros días el hospital de Santa Águeda cuenta con capacidad para 600 enfermas y es atendido por médicos y monjas. Según el informe, se hacen planes para que "en un futuro no muy lejano sean 300 las camas de este Hospital". Si el atentado de Angiolillo contra Cánovas del Castillo arruinó al balneario, no es menos cierto que los años posteriores lo han convertido en un sanatorio para enfermas mentales. El sitio ha dejado de ser un lugar de recreo y distración para ricos ociosos para convertirse en centro hospitalario para pobres mujeres enfermas. No se podrá negar que, al menos en ese aspecto, en Santa Águeda ha habido una mejoría notable.

El arma usada por Angiolillo se conserva en el Museo de Armería de la ciudad de Vitoria, aledaña a Mondragón, en una caja de madera con la inscripción siguiente: "Revólver con el que el italiano Angiolillo mató a Cánovas del Castillo en el balneario de Santa Águeda (Guipúzcoa) el 8 de agosto de 1897. Donación de los hijos del entonces capitán general Don Basilio Augusti Dávila". Según se nos reporta, por una gestión hecha en el Museo de Armería, un funcionario de dicha institución, que consultó los archivos, le confirmó a este autor que "no aparece en ningún lugar la marca o el calibre. El revólver tampoco tiene ninguna inscripción o marca, exclusivamente un número que se supone sea de serie".

Referente al calibre del arma que usó Angiolillo, es muy probable que se trate de un .30 por el tamaño de la bala que se conserva junto con el revólver, que es de 7.65mm. En cuanto a la marca existen dudas, podría tratarse en un revólver Bernaldi, de procedencia italiana, o de un St. Étienne francés, armas cortas, populares y eficientes con el calibre ya descrito, parecidas a la que se conserva en el Museo de Vitoria. No obstante, existe la posibilidad de que sea un Webley inglés, que no era difícil obtener en Londres por un precio módico en esos años, y con el que tiene características similares: el martillo, el cargador y el gatillo. El cañon y la culata son de otra procedencia, lo que nos puede conducir a la teoría de que el revólver hubiese sido reconstruido o adaptado por algún armero, de los muchos que se dedicaban a este oficio en Europa. Sobre este tema hay varias versiones por no tener el arma marca de fábrica y, sin embargo, poseer un número de serie.

El balneario de aguas termales de Mondragón tomó su nombre en honor a Águeda, o Ágata, de Palermo, que de acuerdo con la hagiografía cristiana, murió a manos de su padre en el año 215 de esta era y es considerada como virgen y mártir de la Iglesia. Santa Águeda era, como Angiolillo, italiana, y ahí termina cualquier otra coincidencia. El recuerdo del anarquista italiano que ejecutó a Cánovas del Castillo se ha perdido de la memoria histórica de los anarquistas, salvo cuando se quiere recordar con cierta admiración nostálgica "la mística del comportamiento", el innegable romanticismo suicida, aterrador y fascinante, del sentido anarquista de la justicia. De Angiolillo se sabe bien poco, y la documentación al respecto es relativamente escasa por no considerarla inexistente. En cuanto a los escritores cubanos, como hemos podido apreciar, a pesar de haberse beneficiado con su acción la causa política de la independencia, pasan por alto o citan sin destacar las implicaciones del magnicidio cometido por Angiolillo, y pasan de corrido, sin detenerse, como los jueces de Vergara, sobre su histórica figura. Enterrados sus restos en una fosa común de ese mismo pueblo, sus cenizas pertenecen hace casi un siglo a la ecología de los Montes Vascos.

En el caso de Michele Angiolillo, autor del magnicidio contra Cánovas, es comprensible, aunque no sea justo, que los cronistas no hayan mostrado ningún interés en investigar su vida y estudiar sus motivaciones, conformándose con repetir, sin muchos escrúpulos, las versiones negativas anteriores para describir el incidente, espantados o preocupados por lo que muy de acuerdo con su moral fue un crimen horrendo contra el poder establecido. Existe cierta repulsión y rechazo contra la acción del anarquista italiano al no comprenderse ni entenderse ni su mentalidad ni sus motivaciones. Angiolillo tiene más importancia de la que generalmente se le atribuye, y si obró motivado por la venganza, una exaltación muy eficaz en estos casos, lo hizo de acuerdo con su conciencia y respondiendo a aquella espiral sangrienta de acción-represión que identificó la última década del Siglo XIX.

A finales del siglo pasado y principios de éste, algunos escritores ácratas dejaron constancia de sus opiniones con respecto a Angiolillo. Las versiones reflejan dos juicios diferentes aunque en realidad se complementan. Usamos el de Rudolf Rocker por condensar la primera opinión, con un examen más exacto de los hechos, que logra separar los actos de violencia cometidos en esa época y la actitud del magnicida italiano. En el caso de Emile Henry, Rocker declara que la fuerza que lo mueve al lanzamiento de una bomba en el Café Terminus de París fue motivada por "su odio salvaje y fanático". Idéntica causa determina, en su opinión, la explosión que se produjo en el teatro Liceo de Barcelona. Estos casos los considera producto de la demencia, "a quienes el odio había perturbado la razón".

Y continúa Rocker:

> Los hechos inmotivados por la violencia, aunque surjan de una justa indignación, son siempre repudiables, porque brotan de un concepto abstracto de culpabilidad que traspasa la responsabilidad de la injusticia... En ese sentido fueron juzgados entonces esos hechos por hombres como Grave, Mirbeau, Malato, Malatesta, Lazare, Merlino y muchos otros. No tiene nada que ver esto con las concepciones anarquistas.

Rocker pasa entonces a delimitar los campos entre la violencia irrestricta, contraria a los principios ácratas, y el acto solitario del magnicidio. Comentando el caso de Angiolillo y el de Gaetano Bresci (cometido este último en 1900 contra el rey Umberto I de Italia, en Monza, el que también resultó cadáver, como réplica a la masacre perpetrada en Milán contra trescientas personas), Rocker nos afirma que estas acciones, "...las comprenderán enseguida cualquiera que conozca los sucesos de aquella época. No necesitan ninguna explicación, porque se explican por sí mismos. Tales hechos los habrá siempre mientras haya oprimidos". A este criterio se afiliaron más tarde casi todos los pensadores anarquistas.

Aprobar la muerte del tirano es una obligación tan antigua como la historia misma de la humanidad. A esta proposición filosófica si se quiere se alistó Voltairine de Cleyre, que no sólo se dedicó a justificar el magnicidio, sino también a hacerle la apología a Angiolillo. La poeta estadounidense, que según Paul Avrich, no es muy seguro que haya conocido personalmente a Angiolillo, aunque ambos coincidiesen en Londres en las mismas fechas, publicó tres poemas y un cuento corto, titulado *The Heart of Angiolillo* (*El corazón de Angiolillo*). Las poesías fueron recogidas en la obra *Select Works of Voltairine de Cleyre*, publicadas en Londres en enero de 1898 y en la revista *Freedom*, tituladas, *Santa Águeda In Memory of Angiolillo, Germinal* y *Angiolillo*. Por su parte, Kropotkin coincidió con Voltairine en "negarse a condenar un acto contra los autores de la miseria del pueblo". Quizás la reflexión más notable sobre el ajusticiamiento en Santa Águeda, fue la declaración de Thomas H. Bell, anarquista escocés —que conoció a Angiolillo en Londres—, hechas cincuenta años después de los sucesos en *The Los Angeles Daily News:* "...Fue uno de esos actos terribles de justicia salvaje, el cual, sean o no de nuestra aprobación, parecen tan inevitables como cualquier fenómeno natural". Por lo que se infiere que tanto Cánovas como Angiolillo fueron las víctimas de una época y un sistema a todas luces deplorables.

En el Panteón de la Acracia, Angiolillo no aparece entre los profetas e ideólogos. No es recordado en el lugar de los mártires, como sus compañeros de Chicago, Albert R. Parson, August Spies, Adolph Fischer, George Engel y Louis Lingg, ni tampoco entre las víctimas de Montjuïch, que el mismo Angiolillo vengó con su acto supremo; mucho menos entre los anarquistas que cayeron más tarde en la turbulencia proletaria, en revoluciones sociales o en guerras civiles. No se encuentra su nombre entre los muertos de la Comuna de París o entre los marinos de Kronstadt. A principios de este siglo, algunos artículos sobre su actuación en Santa Águeda y alguna que otra foto circularon en los medios ácratas de Europa, de forma clandestina y silenciosa. Su lugar se encuentra desde entonces en el grupo de los hombres de acción, justicieros y vengadores. Aquellos anarquistas que cambiaban su vida por la de sus enemigos hacían la justicia por su propia mano, "la propaganda por el hecho" como consigna, en el clásico "ajuste de cuentas". Su recuerdo y memoria pertenecen a la historia de una movimiento social que, a diferencia de la frase de Karl Marx sobre el comunismo, nunca fue "un fantasma que recorre a Europa" sino una realidad latente y militante, capaz de crear una cultura y una tradición, con hondas y amplias raíces que todavía existen en el mundo. Aunque se haya marginado a Angiolillo, las ideas que representaba el anarquista italiano todavía perduran y persisten en nuestros días.

Desde una colina madrileña, cerca de la Plaza de España y camino a la Gran Vía, se levanta una estatua de bronce dedicada a Cánovas del Castillo en pose de prócer y mirando desafiante y altivo hacia el Palacio de Oriente. A su memoria los españoles levantaron monumentos, calles, plazas y avenidas que llevan su nombre. Cánovas fue honrado por sus contemporáneos, partidarios y amigos. Su desaparición fue genuinamente lamentada por sus correligionarios y simpatizantes; biografías y libros apologéticos se han escrito en su favor. Su nombre es parte de la historia de España del último cuarto del siglo pasado. Todo esto contrasta con el poco recuerdo que se les tributa a los otros dos participantes en los hechos de Santa Águeda, que han sido miserablemente olvidados por aquellos que les deben tanto, que los negaron después de muertos y que nunca quisieron reconocerles su importancia histórica.

Ramón Emeterio Betances, el patriota puertorriqueño, parodiando el lema de la Doctrina Monroe de "América para los americanos", en su sentido de independencia hemisférica, creó otro más justo y humano: "Las Antillas para los antillanos". Esto inspiró a José Martí a levantar como consigna del Partido Revolucionario Cubano el de "Cuba para los cubanos". A pesar de todos sus sacrificios, Betances es un hombre injustamente ignorado por muchos cubanos y puertorriqueños, que se merece una biografía objetiva y definitiva, no los intentos mediocres que se han tratado de llevar a cabo en esa dirección, que no son completos y tienden a parcializarse. Se han escrito trabajos sobre su vida, en los que no se mencionan sus relaciones con Angiolillo.

Si con el anarquista italiano se ha cometido un olvido injusto, en relación con Betances —autor intelectual del magnicidio de Cánovas—, la injusticia ha sido mayor. En muy poco se han tomado en cuenta sus sacrificios, su entrega a la causa de la independencia de Cuba y Puerto Rico, su trayectoria ideólogica y su larga y fecunda vida, no sólo como revolucionario sino también como médico y científico eminente. Su marginación en la historia ha sido cometida con toda intención por la mayoría de los cronistas e historiadores, los que han considerado siempre a Betances como una figura "conflictiva" y negativa. En su Puerto Rico natal, la figura de Betances no ha recibido toda la atención que merece. Esto es debido a que los contemporáneos que escribieron sobre el médico puertorriqueño, o eran autonomistas o se asimilaron al sistema estadounidense de hacer poco caso a los verdaderos patriotas que lucharon en favor de la independencia, idea y concepto que rechazaban enérgicamente, beneficiados y favorecidos por la intervención estadounidense primero y el Estado Libre Asociado después.

Su vinculación al magnicidio de Cánovas es directa e indiscutible y si obró por conveniencias políticas, por vengar a Maceo o por tratar de golpear a España en un lugar muy sensible, sus intenciones se deben considerar dentro del contexto revolucionario e histórico de finales del siglo pasado y de los horrores de la "reconcentración". Su honradez y su ecuanimidad eran parte de su propia naturaleza; sus hechos y decisiones no son por lo tanto ajenos a su identidad. Ramón Emeterio Betances, el galeno de Cabo Rojo, justificó este acto violento e individual de acuerdo con su alto sentido de la justicia y de la ética.

A casi un siglo del derramamiento de sangre en Santa Águeda, sus dos principales autores han sido desterrados de la historia oficial. Una historia que centraliza sus relatos y anécdotas en héroes y batallas, y es proclive a idealizar a los participantes más connotados: próceres, capitanes de partida, estadistas, bandidos, mártires, criminales y apóstoles. Los cronistas no siempre han sido justos con hombres como Angiolillo y Betances, que lo sacrificaron todo por causas que ellos entendían eran válidas: la independencia, la libertad y la justicia para Cuba, Puerto Rico y las Filipinas. Los métodos usados por los libertadores de pueblos no han sido en la mayoría de los casos los más apropiados o los más humanos. Sin embargo, los historiadores han tenido siempre más en cuenta los fines que los medios. Estos parámetros no les fueron jamás aplicados ni a Betances ni a Angiolillo. Y ya va siendo hora de corregir esta iniquidad. Que sirva entonces este ensayo de la historia como un aporte que el autor está en el deber de hacer, para que finalmente se reivindique la memoria de Ramón Emeterio Betances y Michele Angiolillo.

BIBLIOGRAFIA

Avrich, Paul. *The Haymarket Tragedy*. (Princeton, 1984).

—*An American Anarchist, the Life of Voltairine de Cleyre* (Princeton, 1978).

Bonafoux, Luis. *Betances*. (San Juan, 1970).

Brenan, Gerald. *El laberinto español*. (París 1962)

Camus, Albert. *Los justos, Los poseídos* (Buenos Aires, 1960).

Duarte Oropesa, José. *Historiología cubana.*Tomo I (Miami 1989)

—*Historiología cubana.*Tomo II (Miami, 1974).

De la Cierva, Ricardo. *La derecha sin remedio*. (Barcelona 1987)

De la Luz, León. *La diplomacia cubana en la manigua*. (La Habana 1947).

De la Rosa, Tristán. *España contemporánea, Siglo XIX*. (Barcelona 1972).

El movimiento obrero cubano, Documentos y artículos. Tomo I (La Habana, 1975)

El Productor, Epóca II No. 6 (Guanabacoa, 1892) Internationaal Institut voor Sociale Geschiedenis. Archivo de Amsterdam.

Espada Burgos, Manuel. *Historia y Vida*, no. 57, "La muerte de Cánovas en la prensa norteamericana". (Barcelona, 1972).

Estrade, Paul. *La colonia cubana de París 1895-1898*. (La Habana, 1984).

Fernández Almagro, Melchor. *Historia política de la España contemporánea, 1897-1902*. Tomo III (Madrid, 1968).

Ferrara, Orestes. *Una mirada sobre tres siglos. Memorias*. (Madrid, 1976).

—*Mis relaciones con Máximo Gómez*. (Miami, 1987).

Ferreiro, Celso Emilio. *Curros Enríquez*. (Madrid, 1973).

Freire, Joaquín. *Presencia de Puerto Rico en la Historia de Cuba*. (San Juan, 1975).

Foix, Pere. *Los archivos del terrorismo blanco*. (Madrid, 1978).

Godínez Sosa, Emilio. *Cuba en Betances*. (La Habana, 1985).

Goldman, Emma. *Living My Life*. Vol. I (New York, 1970).

Gómez Casas, Juan. *Historia del anarcosindicalismo en España*. (Madrid, 1971).

Gómez, Máximo. *Cartas a Francisco Carrillo*. (La Habana, 1986)

Guerra, Ramiro. *Manual de la historia de Cuba*. (Madrid, 1975).

Ibarra, Jorge. *Historia de Cuba* (La Habana, 1971).

La Enciclopedia de Cuba, Historia, Tomo IV (Madrid, 1974).

Landa, Gabriel. *Mosaicos* (Francia, 1938).

—"Cánovas, Angiolillo y Betances", *Guángara Libertaria*. Vol XI, no. 44, Otoño (Miami, 1990).

Litvak, Lily. *Musa libertaria* (Barcelona, 1981).

Masó y Vázquez, Calixto. *Historia de Cuba*. (Caracas, 1967).

Maurice, Jacques. *El anarquismo andaluz*. (Barcelona, 1990).

Millis, Walter. *The Martial Spirit*. (New York, 1931).

Miró Argenter, José. *Cuba, Crónicas de la guerra*, Tomo II (La Habana, 1943).

Moreno Fraginals, Manuel y Moreno Masó, José J. *Guerra, migración y muerte (el ejército español en Cuba como vía migratoria)*. (Barcelona, 1993).

Ojeda y Reyes, Félix. *La manigua en París: Correspondencia diplomática de Betances*. (Santo Domingo, 1984).

Padilla Bolívar, Antonio. *Historia y Vida*. no.1. "Cánovas, Canalejas y Dato. Tres asesinatos políticos de la Restauración". (Barcelona, 1968).

Piñeyro, Enrique. *Como acabó la dominación de España en América*. (París, 1908).

Porcel, Baltasar. *La revuelta permanente.* (Barcelona, 1978).

Rama, Carlos M. *La independencia de las Antillas y Ramón Emeterio Betances* (San Juan, 1980).

Ramos, Marcos Antonio. *Panorama del protestantismo en Cuba.* (San José, Costa Rica, 1986).

Robles Muñoz, Cristóbal. *1898: Diplomacia y Opinión* (Madrid, 1991)

Roig de Leuchsenring, Emilio. *Carteles.* 11 de octubre. "El terrorismo y los atentados personales fueron condenados siempre por los caudillos de nuestra Revolución emancipadora".(La Habana, 1936).

Rickover, H.G. *How the Battleship Maine Was Destroyed* (Washington D.C., 1976).

Rocker, Rudolf. *En la borrasca, Memorias.* (Puebla, 1967)

Salmón, André. *El terror negro.* (México D.F., 1975).

Serrano, Carlos. *Final del imperio, España 1895-1898.* (Madrid, 1984).

Souza, Benigno. *Máximo Gómez, El Generalísimo.* (La Habana, 1972).

Suárez Díaz, Ana. *Obras del doctor Emeterio Betances* (Río Piedras, 1978).

Tarrida del Mármol, Fernando. *Reconstruir,* no. 78. "Cartas a *La Revolté,* Barcelona, 7 de agosto de 1890". (Buenos Aires, 1972).

Thomas, Hugh. *Cuba, The Pursuit of Freedom.* (New York, 1971).

Tuchman, Barbara W. *The Proud Tower,* (New York, 1966).

Vallina, Pedro. *Mis memorias.* Tomo Primero (Ediciones Tierra y Libertad, Caracas, 1968).

Zinn, Howard. *A People's History of the United States.* (New York, 1980).

ÍNDICE

182 · Índice